中国人文标识

China
|第一辑|

青花瓷

青白间的中国瓷器史

达　雅｜著

五洲传播出版社·北京
China Intercontinental Press

图书在版编目（ＣＩＰ）数据

青花瓷，青白间的中国瓷器史 / 达雅著. –– 北京：
五洲传播出版社, 2021.1（2024.6重印）
ISBN 978-7-5085-4519-6

Ⅰ.①青… Ⅱ.①达… Ⅲ.①青花瓷(考古)—历史—
中国 Ⅳ.①K876.3

中国版本图书馆CIP数据核字(2020)第233016号

作　　者：达　雅
图　　片：图虫创意/Adobe Stock
出 版 人：关　宏
责任编辑：梁　嫒
装帧设计：青芒时代　张伯阳

青花瓷，青白间的中国瓷器史

出版发行：五洲传播出版社
地　　址：北京市海淀区北三环中路31号生产力大楼B座6层
邮　　编：100088
电　　话：010-82005927，82007837
网　　址：www.cicc.org.cn, www.thatsbook.com
印　　刷：北京市房山腾龙印刷厂
版　　次：2021年1月第1版第1次印刷　2024年6月第1版第2次印刷
开　　本：710mm×1000mm　　1/16
印　　张：13.5
字　　数：210千字
定　　价：68.00元

序

宋朝时，一款精美的汝窑瓷制好被快速呈到宋徽宗（1082～1135年）的手上。这位喜欢瓷器的皇帝批道："雨过天青云破处，这般颜色做将来。"（也有人考证《五杂俎》，认为是周世宗柴荣所说。）之后，历经元、明、清三代，从景德镇元代高岭土的二次配方，到明宣德时期（1426～1435年）的巅峰，从清朝彩瓷到现代铺天盖地的青花产品，青花瓷被创新、被改变、被传承，但依然是素雅的白底上一抹蓝色。

青花，伴随着中国历史的变迁，更伴随着中国人的生生不息。上至皇帝的日常，下至百姓的生活，似乎近一千年以来都离不开青花瓷，无论是诗意的茶事、琐碎生活中的盆碗、书桌上青色的砚台、收藏家珍视的藏品……这一切都是青花瓷创造的世界，一个神奇的跨越年代、跨越时间、跨越国家的世界。每一个传世绝品的背后都是整个时代的努力，宣德的橘皮纹、成化的鸡缸杯、康熙的十二花神杯、乾隆的珐琅彩……这些是多少朝代多少人昼不歇息、夜不成寐的杰作。

景德镇，像是这个世界上与青花瓷并肩前行的艺术家，与青花相关的一切历史痕迹都在景德镇，在大街小巷、在店铺酒馆，也在今天的展览馆、在尘封于地下的泥土中，以及今天景德镇72道工序的传承人的心里。

其他国家的人也许没到过中国，但一定见过中国瓷器，甚至是用过中国瓷器。在英文里，瓷器和中国使用同一个词语"China"，在很多人眼里，这个瓷器指的就是青花瓷。青花瓷是中国瓷器最耀眼的创造之一，除此之外，中国的民间制瓷大师们还创造出很多精美的青瓷、白瓷、黑瓷和彩瓷，这些瓷曾经令多少人痴迷。日本的丰臣秀吉因瓷器发动过战争，18世纪欧洲的奥古斯特大帝囚禁过炼金师来烧制陶瓷，瑞典女王曾为它们成立过专门的收藏室，而一群海盗也因为劫持装运中国青花的商船而发了大财。

青花瓷，穿梭时光去和它聊聊天，本想向它的过往云烟问好，但是无意中我们却揭开了整个世界历史的一角。

目　录

序　　　　　　　　　　　　　　　　　　　　　　　003

第一章　瓷的开始　　　　　　　　　　　　　　　001

　PART 01 · 瓷之国　　　　　　　　　　　　　003

　PART 02 · 源自皇帝年号的景德镇　　　　　　006

　PART 03 · 奠定景德镇陶瓷地位的影青瓷　　　012

　PART 04 · 因战乱而"兴盛"的景德镇　　　　　019

　PART 05 · 兴隆的宋瓷出口贸易　　　　　　　021

第二章　陶瓷史上的传奇　　　　　　　　　　　025

　PART 01 · 成就青花瓷的高岭土和苏麻离青　　027

　PART 02 · 改变色彩审美的青花瓷　　　　　　031

　PART 03 · 迎合上层阶级喜好的枢府瓷　　　　034

　PART 04 · 青花"巨人"的诞生　　　　　　　039

　PART 05 · 神秘的元青花瓷　　　　　　　　　047

　PART 06 · 海上瓷器之路　　　　　　　　　　052

第三章　独步天下的明青花　　057

PART 01 · 再次受到皇家青睐的景德镇　　059

PART 02 · 郑和下西洋带来青花瓷的发展高潮　　064

PART 03 · 青花之外的精品瓷器　　069

PART 04 · 宣德青花，青花瓷的巅峰　　074

PART 05 · 成化无大器，唯玲珑而已　　081

PART 06 · 瓷器上的宗教元素与官搭民烧　　089

PART 07 · 再难有的大龙缸　　094

PART 08 · 一起海盗抢劫事件引发的明青花瓷热　　099

PART 09 · 民窑时代的到来　　105

第四章　色彩的天下　　109

PART 01 · 御窑厂的传世之作——十二花神杯　　111

PART 02 · 陶瓷界的红宝石——郎窑红　　117

PART 03 · 年希尧的珐琅彩和胭脂水　　122

PART 04 · 清初海禁成就的伊万里瓷器　　125

PART 05 · 唐英与窑变釉　　129

PART 06 · 皇帝们钟爱的珐琅彩　　133

PART 07 · 针尖绘出来的粉彩　　139

PART 08 · 慈禧的天地一家春　　142

PART 09 · 一封书信开启的欧洲制瓷业　　145

PART 10 · "四御笔"的浅绛彩瓷   151

PART 11 · 中国第一套陶瓷餐具——同治大婚瓷   155

PART 12 · 仿古瓷，仿古还是造假   158

第五章　陶瓷新旧事   163

PART 01 · 烧了一千年的陶瓷心   165

PART 02 · 故宫里的宝贝   177

PART 03 · 日本的国家宝藏   195

PART 04 · 欧洲的"白金"   199

第一章

瓷的开始

青花瓷，广泛用于人们的生活中。很多人都会把青花瓷与中国联系在一起，那些色彩纹样如同故宫、织锦、毛笔、京剧一样，被人们认为是"中国符号"。

青花瓷　青白间的中国瓷器史

✕

PART 01

瓷之国

在众多瓷器流派中，青花成为现代社会流传最广泛的瓷器，同时它也是中国近千年的瓷器历史上最具有价值的技术创新。但中国瓷器的鼎盛并不是由诞生于宋末元初的青花带来的，而是北宋时期，八大窑系遍布大江南北，统领天下瓷器，全国数千窑口每日同时烧造，那是历史上的瓷器巅峰。

作为瓷器的故乡，中国瓷器的历史到底有多悠久呢？这可以追溯到4000年前商周时期山西夏县东下冯龙山中的原始青瓷，那时候的人们已经可以用瓷制作出罐和钵。原始青瓷在中国的分布超出很多人的想象，人们先后在黄河领域、长江中下游以及南方都发现过原始青瓷。

原始青瓷的胎色是灰白色的，非常结实，但是制瓷的工艺非常原始，也比较粗糙。之后，又经过漫长的改进，人们在公元2世纪的汉朝末年，烧制出成熟的青瓷。自此以后，瓷器由中国传播到其他国家，中国也因此成为"瓷之国"。

东汉之后的三国两晋南北朝时期开始出现了青瓷，因为主要在南方，所以就被称为南方青瓷。南方青瓷在绍兴、余杭、吴兴等地都有窑厂，被称为越窑，主要生产青瓷和黑瓷。北方瓷器的出现相对比较晚，在北魏晚期到隋朝统一前（即6世纪中晚期）的近一百年间才发展起来。虽然起步晚，但是北方青瓷进步得非常快，很快就超越了南方。而且这些窑厂不甘于仅仅制造青瓷，随之也制造出了白瓷。釉色也从单色瓷逐渐转变为彩色瓷，而白色只不过是底色。唐朝时形成了"南青北白"的格局。

富裕和强大的唐朝对瓷器的需求就更多了，这时候的瓷器不仅用于供应国内，也远销到国外，由此邢窑白瓷与越窑青瓷应运而生，分别代表了南、北两大瓷窑系统。此时的河南诸县、山西、安徽等很多地方都开始烧制白瓷，而南方一直在秉承着越窑青瓷的传统，与此同时，北方又出现了另一个著名的白瓷窑——定窑。青瓷也不甘示弱，南方越来越多的窑口开始烧制青瓷，逐渐形成庞大的越窑青瓷系。

制瓷的繁荣局面一转眼就到了北宋。北宋时期不仅国内市场对瓷器的需求越来越高，皇室对瓷器的使用要求也超过之前的朝代，尤其到了宋徽宗时期，皇帝直接参与瓷器的制作和设计，所以瓷器的品质就越来越高，品种也越来越丰富。此外，对于北宋来说，瓷器业也成为一项支柱产业。由于皇帝的支持和国家贸易的大力发展，瓷器成为宋朝最主要的出口项目。因此，宋瓷的技术与艺术，一下子达到了瓷器历史上的巅峰。现在考古学家已发现的古代陶瓷遗址分布于全国170个县，其中有宋代窑址就有130个县，占历史上陶瓷窑址总数的75%。

宋朝灭亡之后，元朝廷接手景德镇，吸引了全国的杰出窑工，这些杰出的窑工汇聚了祖辈的烧瓷和描绘技术，把对宋瓷的怀念和热爱都浓缩在青花瓷上。明朝宣德时期，青花瓷的烧制达到了历史峰值，使得后世的人们只记得追捧宣德青花，而遗忘了元朝至正年间诞生的元青花。

1929年，英国人霍布逊在《东方陶瓷》上描写了一对中国元朝"至正十一年"（1351年）时制造的青花云龙纹象耳瓶。这对瓶子原本是北京智化寺的藏品，后来辗转流传到美国。1950年，一位博物馆馆长波普博士对这对瓶子进行了研究，得出一个震惊世界的结论：伊朗阿特别尔寺、土耳其伊斯坦布尔旧皇宫托普卡帕博物馆收藏的"至正型"器都是元青花。而在20世纪上半叶，因为不认可，琉璃厂的古董商都把元青花当作明早期的青花瓷，其中也包括那对智化寺的大瓶子。

又过了五十年，2005年7月12日，荷兰的一个军官后裔从自家的阁楼上搬下来一个元代的青花瓷大罐子"鬼谷下山"，放在佳士得的伦敦拍卖场上，几番搏杀，拍出了2.3亿元人民币的价格！随之而来的是全球考古学者对元青花的一次次探索式的研究。于是，从英国到中国，对于元青花的研究和收藏热被点燃了。

自此，人们的视线才开始聚焦到元青花上，而此时生产元青花的景德镇窑口也再一次被人们追捧。追根溯源，青花瓷到底是怎么来的呢？这要从宋代的景德镇说起。

✕ 景德镇老窑

PART 02
源自皇帝年号的景德镇

　　"古来名窑出盛世，盛世昌南多名瓷。"宋朝，因为制瓷技术在全球的独一无二，再加上海外各国供不应求的需求，以及皇帝和文人墨客对瓷器的喜爱和欣赏，成就了一个瓷器盛行的时代。这个时期的器型早已超越之前的任何一个朝代，最受欢迎的是梅瓶和玉壶春。这两个器型在今天，依然是无可超越的神来之笔。宋瓷深受儒学的影响，低调沉稳内敛，在釉色上素雅简洁，但在简洁之中却美得让人爱不释手。这些釉色像天色、像青梅、像雪，但随着光线的变化，会呈现出或晶莹剔透或淡淡发光的神采。此外，宋瓷采用了很多装饰，无论是如丝成网的开片，还是在器型上进行的印花、画花、刻花、剔花、贴花、镂花等，都是意境高远、气韵生动。后来的任何一个朝代，制瓷人都无法完好烧制出与宋瓷一样带有气质和神韵的瓷器，这也是中国陶瓷史上的一桩憾事。

昌南与 China

宋朝时，白底淡青色、被称为"饶玉"的青白瓷一度成为人们欣赏和喜爱的主流，各地的创新瓷器争先恐后的出现。当时的江西被设名为江南路，江南路有一个依靠着昌南河建起来的小镇，自汉朝开始这里的人就喜欢制陶。虽然昌南只是全国数千个窑口中的其中之一，但其发展却是势不可挡。宋朝时，镇上已经有了200多座专门烧制青白瓷的窑。宋朝之前，皇家用瓷全部都是采取"官监民烧"的形式，以一千个瓷器中选出十个，每百个中选出一个比率进行筛选。但是到了宋朝，这种局面因为昌南镇而彻底改变。

宋朝时，全国的优秀制瓷人很多，窑口众多，但昌南制瓷名扬天下，想要学习制陶的人都想跑到昌南去住上一段时间，学习当地的制陶术，也

╳ 景德镇昌南河

有些人就在这里扎根下来了，成为烧窑人。

宋真宗景德元年（1004年），赵恒，这位写下过"书中自有颜如玉，书中自有黄金屋"的皇帝，大概是非常喜欢昌南的瓷器，所以把自己年号赐给了昌南，自此昌南就有了一个新的名字——景德镇，同时也成为专门生产进贡皇帝御用瓷器的皇家御窑。

昌南镇的名字虽然没有了，但是随着中国瓷器向其他国家的出口和运输，昌南（音 cina、china）逐步成为瓷器的代名词，也成为古代中国的代名词。但也有人说，china 一词在英语中演化出"瓷器"的意思的时间是在1579年，起源于波斯语 chīnī。无论如何，景德镇人并没有忘记"昌南"这个名字，现在的景德镇内还有一条昌南大道。

古时，人们都喜欢佩戴玉器，宋朝也不例外，景德镇之所以出名，是因为烧制出来的瓷器可以与玉器媲美。景德镇位于江南路饶州府，所以那时候的景德镇所烧制的瓷器也被称为"饶玉"，也就是著名的青白瓷。

什么是青白瓷呢？就是一种在白色的基底上又有淡青色釉的瓷，有类似玉的颜色，质地上接近上釉白瓷。宋朝时，北方擅长制作白瓷，而南方擅长制作青瓷。当时，瓷替代了青铜器，也替代了竹制器皿。那个时候上至皇室下至平民百姓，从日常生活到死后陪葬无一不用到瓷器，全国瓷器的烧制数量巨大。但是陶瓷的制作是需要高技术含量的艺术，窑炉结构的构造、材料的认知和使用、釉的成分与配方、制陶工具的使用与研发，这些都需要制陶人一代代的静心研究制作和传承。而景德镇之所以能够成为"瓷都"，这和它所拥有的品质一流的陶瓷土——高岭土息息相关。

╳ 宋代影青葫芦型执瓶

被称为"假玉器"的昌南瓷

据史书记载："新平冶陶，始于汉世"。新平是景德镇的汉时旧称。当时的新平人已经开始用距离镇子50公里的高岭村发掘的陶瓷土烧制陶瓷了。这个时候的新平瓷器就是"器表施有釉"的青瓷。因为镇子位于昌江的南岸，又被称为昌南镇。沿河所设的全都是和制陶相关的行业，水车、船只往来运送陶土和陶瓷成品，烧窑人在河边制坯……从观音阁开始，直到小港嘴，来往的都是制陶人，异常繁荣。

晋朝时，有一位名叫赵慨的名工巧匠，虽然史料上对他的记录很少，但是这个人确实是在新平生活了很长时间，并且制作出了相当高质量的陶瓷，曾为当时新平瓷器质量的提高做出巨大贡献，被后人尊称为"师主"，还为其立庙祭祀。南北朝时，新平瓷被列为贡品。据传，南朝皇帝陈叔宝为了建造豪华的亭台楼阁，诏令这里的窑户烧制精巧的陶瓷柱石，可见当时景德镇制陶业的技术水平之高。

唐武德四年（621年），景德镇出现了两个著名的工匠，其中一位是陶玉，昌南钟秀里人，所烧的瓷器叫作"陶窑"。根据历史记载，他烧制的瓷器"土惟白壤，体稍薄，色素润"。陶玉曾把自己所烧制的瓷器运入关中，到唐代京都长安出售。因为这种颜色的陶瓷非常少见，又非常像玉器的质感和色泽，一下子就引起了轰动，不仅被人们追捧，还惊动了皇宫，命令他把烧制的瓷器进贡到宫廷里，作为皇家的御用品。

同年，一起向朝廷进贡的还有一位陶玉的同乡，叫作霍仲初。霍仲初家中比较富裕，在镇上颇有名气，但他为人朴实又勤奋好学，一心想要烧制出精美的瓷器。据说，霍仲初常常走街串巷，向工匠名师请教，当时在昌南镇得到了很多人的敬重。他烧造的瓷器"色素、质薄，佳者莹缜如玉"，比陶玉烧制的瓷器还要更胜一筹，这也是昌南瓷被称作"假玉器"的开始。

因为得到皇家的青睐，朝廷在昌南设置了管理烧制瓷器的专门机构。那时的假玉青白瓷，其实就是后来青花瓷的鼻祖。到宋朝，昌南被改名为景德镇后，制瓷技术一直处于全国的领先状态，直到今天也没有改变过。

PART 03
奠定景德镇陶瓷地位的影青瓷

前几年，运气好的人走在景德镇的田野，一不留神就会挖出一片碎瓷片。这瓷片也许是宋朝的，也许是唐朝的，也许是近代的。其实，瓷片也并非是越古老越好，而是如果赶上正是一个名窑的碎片，那就是一件值得庆幸的事。当碎片流到国内的市场上，被行家里手一把玩之后，身份和价值就会飙升。碎瓷片，与其说是给景德镇人带来了惊喜，不如说是给接触这些瓷片的爱好者们带来更多的探索和研究的可能。但是能捡到真正有价值的瓷片的概率微乎其微。

瓷器不仅仅是中国历史上重要的日用品，更是出口贸易品之一。出口重地不仅是景德镇的历史身份，也是全国很多窑口的历史身份。而将瓷器作为主要经济支撑的宋朝，更是如此。北宋时期，因为皇帝的偏爱，也因为众多文人墨客先后到景德镇采购陶瓷、出差游玩，景德镇也一度成为文人墨客喜欢留恋的地方。在今天景德镇的昌江河西岸，有一座知名的景德禅寺，就是当时富弼和范仲淹经常造访的寺院，寺院的门口还有一副楹联为"人文有富弼，山水小蓬莱"。

╳　景德镇陶瓷制作坊

日出的天色，影青瓷

北宋年间的景德镇开始制作真正的青白瓷，这种瓷器也被称作影青。影青的特点是瓷质极薄、釉细白而且发出一种淡淡的湖青色，雕的花纹并不凸显，内外都可以映见，所以才会有人叫它影青、隐青或者是罩青。

《竹园陶说》载："近来出土之器甚多，有一种碗碟，质薄而色白，微以定，市肆人呼为影青，以其釉色微带青色也。据言出自江西为宋所制。"事实上，如果不是因为皇帝喜欢，这种瓷器在宋朝并不显得有多特别，因为当时宋朝的制瓷技术独步天下，杰出者不胜枚举。皇帝们收藏各种优质瓷器，并且把自己的喜好通过官窑直接传达到制瓷第一线，所以官窑也得以生产出一批批皇家藏品。虽然皇帝有自己的喜好和偏爱，但这无疑是给整个陶瓷业吹了一股巨大的春风。

╳ 宋代（960～1279 年）龙泉窑青瓷暗花瓣口盘

宋朝的陶瓷业有多么庞大呢？后人根据不完全的统计，全国的130个县都有瓷窑，而且这些窑口是以长江为界的，将长江以南的称为南窑，以青瓷为主；长江以北称为北窑，以白瓷为主，这个分布格局被称作"南青北白"。后人把整个宋朝所制造的瓷器称为宋瓷，它代表着宋朝一时的审美，精致而不失沉稳，色彩和造型都非常朴素，却显得内敛，而汝、哥、官、定、钧五大名窑几乎是不可以超越的传奇。即便生产的瓷器只是青、白二瓷，但也是争奇斗艳。至于宋朝的黑瓷则是更晚一些的产物。

　　在影青出现之前，宋朝瓷窑制作的也大多是青瓷。《说文解字》中这样描述影青瓷："青，东方色也。"青，指的是大自然万物复苏那一刻，也是指日出之时天色薄亮的瞬间，虽然代表的是蓝色，但并不是一个固定的颜色，在色谱上可以调配出很多含有青色的颜色。当把瓷中的铁含量降到最

╳ 故宫博物院收藏明嘉靖年间（1522～1566年）仿制宋青瓷瓜皮绿釉碗

✕ 元代（1206～1368 年）龙泉青瓷荷叶盖罐

低，就出现了白瓷，上的色釉丰富之后，就变成了青瓷釉色。只有影青，打破了青、白瓷的界限，奠定了景德镇的陶瓷地位，获得了可以媲美北方定窑的"南定"名号。

　　影青瓷的种类非常多，有杯、碗、瓶、碟、罐，各种酒具，镂空的香熏，各式小粉盒，也包括李清照写过的"玉枕纱橱,半夜凉初彻"的瓷枕。到了北宋中晚期直至到南宋，影青瓷制作工艺发展到了历史的巅峰，除了日常生活的杯子、碗、盏等，还出现了花瓶、香炉、雕塑，别看这些今天看起来是非常普通的瓷器物件，但在当时绝对算是另类创新了。

脱颖而出的湖田窑

后人发掘出的影青瓷片，不仅仅是在景德镇，附近的牛屎岭、洪源、三宝蓬、南市、湖田等地方也先后发现了大量的影青瓷片。它们大多是宋朝和元朝制作的。宋朝时候的景德镇，因为受到皇帝的赏识，设置了监镇，就是官方监督，民间烧制。宋朝期间景德镇设立的瓷窑就达到了近三百座，后来考古发现的遗址有一百多座，其中制作影青瓷最知名的就是湖田窑。

湖田窑在景德镇东南4公里的湖田村，在《陶记》《南窑笔记》《景德镇陶录》中都对湖田窑有过记载。但是，当时景德镇以及湖田窑还不是制瓷的龙头老大，很多技术也无法和其他窑口抗衡。单长江以南来说，江西、福建、安徽、湖北、广东等地区在宋朝时候都有制瓷业，而且拥有非常优秀的制瓷技术，这还没有涵盖北方的窑口。

湖田窑的影青瓷造型美，装饰技艺更是独步青云，特别是刻花、划花技法。每一条瓶身上的线条都有着超凡脱俗的艺术效果，那些利用笔触的深浅宽窄变化表现出来的花朵、树叶、水滴等，流畅而有力，画面生动而有趣，就如同一位词人在吟诵一首词，抑扬顿挫，无比灵动。其色釉精美别致，技术卓然，釉料中的釉熔融较透，透明度特别好，釉色由淡淡的青白色向天青、湖绿渐次演变，呈现出细微而丰富的变化，就如一块精工雕琢的玉石放置在最美的风景里，令人怦然心动。

宫廷画里的青白瓷

北宋末年的皇帝宋徽宗赵佶是一位不务正业的皇帝，在政治上简直是一塌糊涂，重用的蔡京也把国家管理的极其混乱，引来了中国历史上大规模的农民起义。但宋徽宗在书法和绘画上的造诣却是中国所有皇帝中最高的，比如，他开创的瘦金体是书法界的一个标杆，比如他绘制的花鸟图，尤其是近年来几成网红的《瑞祥图》。

宋徽宗对瓷器的想法都呈现在他的绘画上，其绘制的《文会图》目前被收藏在台北故宫博物院里。《文会图》描绘了一场宋朝末年文人的茶会，精准地的画出了诸多瓷器，行家一眼就可以认出那些瓷器就是景德镇的青白瓷。

1997年，江西省文物考古研究所在湖田窑所在的位置，出土过一件底部刻有铭文的青瓷残器，铭文内容："迪功郎浮梁县丞张昂措置监造"，当时出土的地层不晚于南宋，上限不早于北宋，后来又根据历史资料考证"张昂监陶"的铭器是烧造在南宋绍兴八年至绍兴二十五年之间（1138～1155年），这件出土的瓷片有力地说明了湖田窑曾经是南宋烧造贡瓷的窑场之一。而湖田窑也是后来诞生青花瓷的重要窑口。

PART 04
因战乱而"兴盛"的景德镇

宋朝的辉煌伴随着此起彼伏的战争而逐渐消失。在中原断断续续几十年的金戈铁马之声中，窑工们为了躲避战争，纷纷举家迁徙到长江以南，去找一处可以栖身的地方，而最合适的地方莫过于景德镇。因此，景德镇也开始了另一个崭新的创作时代。

1127年，黑暗降临到了汴京城，曾经夜夜笙歌的汴京城到处都是马蹄声、哭喊声、金人的呵斥声，北方来的金人带着讽刺的微笑从大宋最后的两位皇帝手里夺走了金银珠宝，而宋朝的皇宫里已经无法用愁苦来形容，宋徽宗、宋钦宗两位坐吃山空的皇帝几乎丧失了抵抗外敌的能力，只能把国家所有的财富举手供给金国。但金国的女真族并没有接收宋朝全盘国土的计划，只席卷了宋朝的财富为己用，且对瓷器充耳不闻。家园被彻底破坏，窑火被战火所中断，窑工们纷纷南迁，北窑的覆顶之灾就这样开始了。

在旷日持久的大战之中，虽然大部分长江以北的瓷窑受到严重的毁灭，即便一些坚持烧窑的窑口也一直处于半废弃的状态，烧了瓷器也无处可卖。但远离战争中心区域的景德镇制瓷业几乎没有受到影响，昌南河上的船只依然频繁往来运输着窑土和瓷器，窑火依然旺盛。一些北方窑工为了生存一路南下，有的人去了景德镇，也有的人落脚到了吉州甚至更远的

╳ 河南开封清明上河园中仿制的北宋都城

南方福建和广东。

宋、金、元之间的战乱，使得全国人口锐减三分之一，但是与全国人口数字锐减相反的是，景德镇所在的辖区浮梁人口数量有所上升。乾隆四十八年（1783年）版的《浮梁县志》记载："宋咸淳己巳(1269年)，户38832，口137053"，到了元至元庚寅(1290年)，浮梁地区人口增至"户50786，口192148"，人口净增五万五千人。

景德镇人口的激增，自然也刺激着制瓷业继续欣欣向荣。而元朝时期，原本制瓷原料匮乏的景德镇发现了高岭土，并使用了一种依靠进口的钴料，继承了宋朝所有精锐制瓷技术的陶瓷大师们在这里热火朝天地投入创新生产，景德镇的制瓷技术渐渐领先于全国。

PART 05
兴隆的宋瓷出口贸易

　　八百年前的宋瓷，为什么在国外流传这么多呢？事实上，宋瓷在后世买卖的并不是很多，因为价格非常高昂，而在宋朝时期，瓷器是宋朝出口最多的货物。宋朝朱彧在《萍洲可谈》里记载：北宋末年广州商船大量出口瓷器，船舶长和宽都有数十丈。

　　1987年的8月，广州救捞局与英国的海上探险和救捞公司在上下川岛的海域附近寻找东印度公司的一艘沉船"莱茵堡号"。没想到"莱茵堡号"没有找到，却意外发现了沉没在水下20多米的另一条古代沉船。这艘沉船

✕　北宋船只模型

✕ 《清明上河图》（局部）

后来被命名为"南海一号"。但是因为资金短缺，打捞工作直到2007年才进行。也因为船上所装载的文物太多了，这次高难度的打捞工作持续了整整9个多月。文物中即包括4000多件宋代瓷器，这4000多件都属于来样加工。据赵汝适《诸蕃志》记载，宋代的瓷器被运往全球50多个国家，最远的到达了非洲的坦桑尼亚等地。

南宋的瓷器出口买卖同样做得很好，尤其南宋所处的地理位置，水系非常发达，那时的南宋在赣州抚河一带建立造船基地。赣州抚河还是鄱阳湖水系的主要河流之一，湖河交汇口就是洪州府的所在地。南宋时，太湖起义军的杨么造过一种战船，船上可以载一千人，虽然后来起义失败，但是这种船的制造方法一直保留在洪州府，被称为杨么的船。依靠这种船，南宋曾经大胜过金国。宋朝人宗必经曾为抚河交汇口一带的景色作过一首诗《南浦》："江到南关古渡头，旁分一曲入溪流。垂杨夹道三千户，绕郭

连樯数万舟。春水绿波芳草渡，秋风明月白苹洲。滔滔出舍红尘派，一棹中流万顷秋。"可以看出，那时的航运业有多繁荣。

1974年，泉州的后渚港出土过一条南宋的沉船，船舱的淤泥中有一块残损的纸片，上面有七个小字："且了浮生一载。"也就是说，这艘船当时在海上漂了一年有余。可见，当时的航海技术已经可以完成远航了。据说，清代沈复的《浮生六记》，书名就源自一次出使琉球的海上经历，有"浮生若梦"的感慨。

宋朝在全国先后设立过十多个专门管理出海和航海贸易的机构，其中以广州、泉州和明州最大，后来泉州在南宋成为世界第一大港和海上丝绸之路的起点。

第二章

陶瓷史上的传奇

宋末元初，逃难的窑工们不约而同汇聚到了景德镇，虽然要改变宋朝时瓷器的审美，改变制瓷工艺，但是这些窑工们不仅没有荒疏自己的手艺，还在适应新的市场需求时不断向过去挑战，他们借助景德镇得天独厚的瓷土资源，在景德镇创造了陶瓷历史上的传奇。

青花瓷　青白间的中国瓷器史

×

PART 01
成就青花瓷的高岭土和苏麻离青

    1279年，蒙古铁骑相继消灭了金人和南宋，中国大地再一次改朝换代。进入元朝之后，所有的陶瓷器具都开始脱离了宋瓷的精美，而向"巨大"和"好使"靠拢。但习惯了以技术作为烧制重点的窑工们此时也面临着挑战，因为瓷器越大，越需要更坚韧的窑土烧制。老道的窑工们最终找到了新窑土，从而带来了瓷器历史上一次翻天覆地的创新。

神奇的高岭土

    大型器具的烧制需要坚韧的窑土，聪明的景德镇窑工们于是发明了一种新的配方，就是在胎土中加入高岭土。现在国际上也用"高岭"的汉语发音演变的"Kaolin"这个词来指代。高岭土加入后可以大大提高胎土的拉伸性和延展性，有利于拉坯制作大型的瓷器，而且也使其烧制温度达到1300摄氏度。相对于之前的烧制温度来说，这个温度下烧出来的瓷器无论是从硬度、釉色，还是白度和透明度上都有了提升。

✕ 高岭土石

　　高岭土是上天赐予景德镇的礼物。现在的景德镇浮梁高岭村已经成为一个遗址公园，在公园里能看到长长的古栈道。从元代起，高岭村的人就把一担担高岭土挑到东埠码头，然后运往景德镇。久而久之，东埠码头也形成了一个繁华的商业街，持续热闹了700余年。

　　制作陶器或者瓷器都离不开土。我们的先民在新石器时代就开始用黏土来烧制当时日常生活的器皿，比如著名的大汶口墓群出土的陶器，制成于公元前3500～前2240年，那时候的陶器已经有了简单的花纹，早期都是手制，晚期开始出现了轮制。

　　陶器的出现是基于生活需求，人们使用河水自然淘洗和沉淀黄土、黑土和红土这些黏土，在仰韶文化的晚期、大汶口文化晚期所烧制的白陶，陶土的使用已经接近于高岭土了。白陶的出现，就是陶逐渐演变到瓷器的过程，这不仅是技术的演变和提升，也是陶土的使用和改进。

白陶以高岭土为烧制原料，窑温在1200摄氏度，陶器的成品内外部都是白色。瓷器并非是从原始时代的白陶一步就跨越到宋代的仿玉技术，这期间经历了商周时期的陶器、越国的仿青铜器、战国时期的早期青瓷，直到汉朝，完美的青瓷才开始崭露头角。元代以前，景德镇陶瓷胎土的配方采用单一瓷石，北宋时采用叫作"露头"的一种质地优良的地表上风化的瓷石。这种瓷石是天然的制瓷原料，灰白、灰青色的露头在经过粉碎、淘洗、制浆成型后，在1200摄氏度～1250摄氏度的温度下可以单独烧成瓷器，这就是"一元配方"。

高岭土则并不是随意在土地里挖出来的土，而是从高岭瓷石里边提炼出来，需要经过粉碎、淘洗、陈腐等很多道工序，才能成为烧制器形的瓷土。

二元配方的高岭土对于聚集在景德镇的优秀制瓷艺人来说，简直是最大的喜讯。有了这么好的高岭土，景德镇窑工们在烧制青白瓷的基础上，开始了对青花瓷和釉里红的摸索，绘画材料也由褐料改为钴料，这种钴料就叫作"苏麻离青"。

进口的苏麻离青

苏麻离青，也被称为苏泥麻青、苏勃泥青、苏泥勃青等。有人说苏麻离青来自波斯语"苏来曼"的译音，认为这种钴料的产地是在波斯的卡山夸姆萨村。因这种钴料是一位叫苏来曼的村民发现，所以用他的名字来命名。另一种说法是，苏麻离青是英文smalt的译音，意为深蓝色或绘画用的深蓝色粉末颜料。

虽然苏麻离青的确切来源还有待考证，但是这种低锰高铁类的钴料，确实给景德镇元代青花瓷的烧制翻开了新的篇章。用苏麻离青烧制出来的瓷器呈现出浓重的青翠色，同时也有"铁锈斑痕"，俗称"锡光"。

很多人看到青花瓷，会误以为是窑工以蓝色的颜料直接在坯胎上作画而成的。事实上，直接在瓷坯上作画的颜色是灰黑色，上完色之后需要再附上一层透明的釉，然后放到窑里，经过1300摄氏度的窑火高温烧制，这种灰黑色的钴料，才能呈现出美丽的蓝色。这种蓝色是天然青花料中氧化钴产生的作用。当原料中混入铁、锰以及更多其他成分，就会影响到青花形成的色彩深浅和色相的纯度，这就是制造青花瓷的神秘之处。所以，一件青花瓷的制成需要白色的瓷胎、透明釉，以及天然青花料。

╳ 景德镇瓷胎拉坯

╳ 景德镇正在制作的瓷坯

PART 02
改变色彩审美的青花瓷

元朝统治者是马背上长大的蒙古族，他们最喜爱的颜色是白色，皇家专用色彩是黄色，而蓝色是当时下等人才会使用的一个颜色。青花瓷的出现，却改变了元朝统治阶级的审美，让蓝色成为中国瓷器最耀眼的色彩，也成为了中国人最喜爱的颜色之一。

因青花瓷而改变地位的蓝色

在元青花出现之前，蓝色一直都不是中国人的传统色调，甚至在中国人的习俗里，蓝色是不吉祥的色彩。在中国陶瓷的文明历史进程中，蓝釉出现得最晚。直到唐代的唐三彩才出现一些蓝色作为点缀，隐约可以见到蓝釉的作品。这种蓝釉也是钴料，与元朝青花的用料一样，但只是作为少量的装饰和点缀作用。宋朝人更不欣赏这种粗鄙的蓝色，而是偏爱透亮和清淡的天青色，是"雨过天青云破处"。

而元朝时，蒙古族最喜爱的颜色是白色。皇家专用黄色，元朝的官服分了三个色系：一到五品用紫色，六到七品用浅粉红色，八到九品用绿色。普通百姓禁止穿褐黄、柳芳绿、红白闪色、鸡头紫、栀子红、胭脂红等鲜艳的颜色。无可奈何之下，平民从服装到家居饰品都只能用灰褐色。此时，人被分为四等，蒙古族最高，下边依次是色目人、汉人和南人。按照职业又被分成十个等级，这些职业分别是官、吏、僧、道、医、工、匠、娼、儒、丐，医生以下的六个职业都被归类为使用蓝色的职业范畴，在青花瓷没有出现之前，蓝色在元朝当权者看来，如同灰褐色，是表达身份低贱的一个颜色。

直到以蓝釉烧制而成的青花瓷出现，蓝色成为中国瓷器中最耀眼的存在，开辟了一个瓷器历史上的巅峰时代，自元开始持续了七百多年，直到今天，青花瓷甚至成了中国文化的一个象征。但是，青花瓷的诞生，却是受到了外来文化的影响。

源于外贸的蓝色瓷器

元朝的铁骑曾经一度跨越了中亚和西亚，最远抵达到了君士坦丁堡，威胁到了意大利。元朝军队路过的国家都开始和元朝做买卖，元朝就开始了进出口贸易，这其中比较多的生意就是瓷器定制。《元史》记载，通过海上丝绸之路与元朝有贸易往来的国家就多达20多个。事实上，这条海上丝绸之路也被称作海上陶瓷之路。

最开始，这些瓷器的订单大都是中亚的阿拉伯人与波斯人，他们喜欢白色和蓝色，清真寺是蓝色、身上穿的袍子是白色，他们也是钴蓝颜料的

✕ 伊朗波斯风格的清真寺

发明者。据说公元700年，黑衣大食（也就是今伊朗的波斯人）就做出了青色花纹的罐子，但是他们做的罐子是以钴料发色的陶器，而不是瓷器。为了瓷器出口贸易，作为元朝国家瓷局的景德镇便开始蓝色瓷器的烧制研究。

PART 03
迎合上层阶级喜好的枢府瓷

　　一个炎热的下午，考古工作者们像往常一样在景德镇的刘家坞和琵琶山进行着挖掘和整理工作。这项工作在景德镇是家常便饭，考古队常常一待就是几十年。刘家坞和琵琶山是景德镇陶器和瓷器碎片发掘最集中的两个地方，河畔青翠绿树掩映的山其实都是瓷器碎片堆积而成的。这一天，细致的考古工作队发现了内壁印有"枢府"的瓷器。

　　原本平常的考古过程，突然出现一只周身都是尘土的白色高足杯，吸

╳　元代（1206～1368年）白瓷高足杯

引了考古队的目光。杯子身上虽然布满了灰尘，但杯内却有着五爪的龙纹图案，考古工作者们判断这是当时给皇宫制作的御用制品。

与此同时，河北岸也出土了一批瓷器，与南岸出土的样子差不多，只是内壁没有款识，龙只为三爪、四爪，这应是给民间烧制的商品瓷器。根据元朝的管理，"制定的服色等第……蒙古人不在禁限，及见当怯薛诸色人等亦不在禁限，惟不许服龙凤文，龙谓五爪二角者。"所以这些三只、四只爪的龙纹，都是当时窑工们偷换概念的作品。

瓷器是大买卖

元朝至元十五年(1278年)，景德镇设立了元朝的"浮梁磁局"。据《元史·百官志·将作院》载："浮梁磁局，秩正九品。至元十五年（1278年）立。掌烧瓷器，并漆造马尾棕藤笠帽等事，大使、复使各一员。"派了官，设立了管理机构，这就说明元朝非常重视瓷器的技术吗？

事实上，当时的元朝上层阶级都不喜欢瓷器，那时候最为流行的是金银器物。《马可·波罗游记》中有对元朝宫廷生活用具的描写："元代皇帝御用餐具是漂亮的镀金属制成品。"元朝著名学者苏天爵在《元朝名臣事略》卷五《杨忠肃公》中记载道："元太祖使用的盛酒器皿是槽口镶金的金属制成品。"在景德镇设置浮梁磁局主要是为了做出口生意，挣外汇。尤其忽必烈统治时期，在全国推行汉文化，鼓励手工业发展，还非常支持对外贸易。而古代中国的出口贸易，除了丝绸、茶叶之外，最大宗的买卖就是瓷器。

✕ 浮梁县署

一白到底的枢府瓷

瓷器一下子成为元朝出口贸易的主要项目，景德镇也就一下子成了官方盈利的工厂，所以开发和研究新的瓷器就成为景德镇的首要工作。"枢府瓷"就是浮梁磁局最先研制出来的白瓷。这些瓷器质地非常坚硬，散发着幽幽的白光，透着一点点青色，温润而不透明，类似鸭蛋壳的颜色，所以人们也会称其为"卵白釉"。

白色是当时元朝无论是皇家还是贵族都非常喜欢的颜色。元朝的宫廷生活中大多是白颜色，白的袍服、白的仪仗帷幕、白的旌旗、白琉璃砌的龙床。尤其是到了重大国庆节日的时候，全国到处都是白颜色。直到现在，蒙古族还是会把正月叫作白月，他们认为那是最吉祥和喜庆的月份。而介于白釉与青白釉色调之间的枢府瓷正中元朝统治者的审美，很快就流

✕ 元代（1206～1368年）青白釉折枝梅双耳瓶

行起来。

　　枢府指的是元朝最高军事机构枢密院（从一品）。浮梁磁局为枢密院烧造的专用瓷器，也是属于来样加工，就是由定制的官府提供纹饰样式，并在瓷器上模印"枢府"二字。

　　生活在元末和明初的曹昭，在明洪武时期写过《格古要论》一书，这本书在《古饶器》条中说："元朝烧小足印花者，内有'枢府'字者高。"曹昭是看到了印花中有字样的瓷器而写的，后人就按照曹昭的说法，把这种瓷器叫作枢府釉瓷。但事实上，"枢府"这种管理军事的最高机密机构是不可能直接去景德镇管理烧瓷的，所以，枢府在更多意思上就是说官府用瓷。

　　景德镇还为元朝宫廷烧制"太禧瓷"。蒙古族人对祖先、先帝都非常崇敬，每年都会在专门的藏传佛教寺院里设立神御殿供奉并且祭祀，太禧瓷模印有"太禧"二字的卵白釉瓷，是元代皇宫祭祀使用的祭器。

　　元代皇宫挑选瓷器也非常严格，把品相优秀的一层层选出来，依然是"千中选十，百中选一"。官府挑选以后，剩下的在民间销售。民办瓷窑作坊也有仿制，所以枢府釉瓷器流传到现在的比较多。不像宋瓷，因为宋代的制窑业发达，为了避免次品在市面上流通，所有的窑口都会将烧制出来的次品销毁，只挑选精品用于市面流通。这也就造成了宋瓷留给后世的印象，全部都是高品质的精致瓷器。

PART 04
青花"巨人"的诞生

    位于今天景德镇市东南湖田村的湖田窑，现在已只剩下满目黄土中残缺的窑砖。这座景德镇最大的窑，从五代第一把窑火开始，一直烧了一千多年。在元朝的某一天，窑工打开窑口，一件件在1300摄氏度高温下历练

✕ 景德镇老窑

出来的白底青花瓷器展现在他们的眼前时，整个湖田窑都兴奋不已——青花瓷诞生了。

马未都先生曾说过："青花瓷一诞生就是一个巨人。"这确实是从侧面说明了青花瓷产生时所需要的条件聚集在一起是多么不容易。

专供出口的元青花

在现在出土的早期元代青花瓷中，青花料、胎、釉搭配极不协调或者不合理的情况比比皆是，这些青花瓷在诞生之初所经历过的技术上的磨砺和不成熟，在初期青花瓷所呈现出来的灰暗、浅淡中被刻录了下来。也有的青花瓷出现瓷胎的密度不够，也就是"二元"的配方不够理想，高岭土偏多，瓷石偏少的现象。但是景德镇的窑工们从未气馁过，对青花的研究和反复制作持续了整个元朝，直到元朝末期，青花瓷才达到稳定的烧制技术。可以说，元青花从真正创烧、定型到相对成熟，是在元延祐元年（1314年）到至正二十八年（1368年）期间，前后花费了五十多年的时间。

青花瓷烧制技术的不断成熟、稳定，首先得益于各地制陶艺人汇聚在景德镇，大大提高了景德镇的制瓷技术；其次得益于伊斯兰教国家的大批量采购。土耳其的托普卡帕皇宫是世界上收藏元青花最多的博物馆，藏品达40多件，有盘、碗、瓶、罐等，其中大碗有四件，瓶子11件，罐子5件，盘子的数量最多，共有19件。这些藏品的瓷胎都非常厚重，有着强烈的伊斯兰风格。

元代出口的外销瓷和国内使用的青花瓷是不一样的。元朝廷有一本

✕ 元代（1206～1368年）青花缠枝牡丹纹兽耳罐

《元典章》明文规定，国内的瓷器上面不许用金作为装饰，只有外销瓷器才会允许有黄金饰件。阿拉伯人与穆斯林人的审美习惯是在器物上面镶金口、金嘴、金把儿，把黄金装饰加到上面。所以现在托普卡帕皇宫里收藏的瓷器是属于当时外销的瓷器，在国内是见不到的。

除了装饰上的不同，出口青花瓷器在纹饰的种类和器形的大小也不同。土耳其保留下来的元代青花瓷直径都很大，大多是直径40厘米，有的盘子甚至比桌子还大。现在人研究推论说可能是当时西亚一带的人在家里都席地而坐的原因。与此同时，那时出口的元青花瓷在绘制上也遵循着伊斯兰教的一些规定，比如禁止出现有生命形象的美术形式，尤其是人物，所以景德镇制作的外销青花瓷就只能画抽象图案，但还是沿用了中国传统的图案画法。

青花瓷上源于爱情的牡丹花纹

元代青花瓷现在能够存世的精品，瓶身上往往绘有牡丹花的形象或者纹饰，这个牡丹花的背后是一个名叫艾吉阿姆的蒙古族女子的故事。这个故事或者被人遗忘，或者不为人知，随同元青花一起被淹没在了历史的长河中。

传说，每年夏天，草原上都会召集天下武士举办一场比武大会。有一年，一位名叫艾吉阿姆的姑娘出现在了擂台上，艾吉阿姆是海都王的女儿，也被称作明月公主。让人震惊的是，正是这位看上去娇弱的姑娘最终获得了第一名，这也是草原比武大会历史上的第一个女子冠军。当时主持

✕ 元代 (1206 ～ 1368 年) 青花牡丹凤纹盘

✕ 元代 (1206 ～ 1368 年) 牡丹纹青花瓷

比武大会的可汗忽必烈对艾吉阿姆一见倾心，命人用纯金打造了一副上好的马鞍赠予她。艾吉阿姆也对忽必烈大汗非常崇拜。可惜到最后，忽必烈却突然把艾吉阿姆赐婚给了一个部落的王子。

艾吉阿姆婚后的第二年，忽必烈和海都王宣战，艾吉阿姆夹在心上人与父亲之间，难以抉择，最终用一把宝剑结束了自己的生命。忽必烈对于艾吉阿姆的死无比痛心，便命人在宫中种满了艾吉阿姆生前最喜欢的牡丹花，不仅如此，还命令在一些瓷器和器皿上绘制上牡丹花，自此之后，牡丹花、牡丹纹成为元朝瓷器必不可少的一个装饰元素。

当时，意大利人马可·波罗跟随父亲来到中国经商，向忽必烈可汗献上了罗马教皇的礼物，忽必烈非常开心，把马可波罗留在宫廷里任职。于是，忽必烈和艾吉阿姆的事情便被马可·波罗写在了自己的游记中。

浮梁磁局的格局

作为元朝掌管景德镇瓷器烧制的磁局，当时掌管着哪些窑口呢？湖田窑自然不必说，其他还有珠山明御厂。在20世纪80年代出土过湖田窑所制造的元代卵白釉枢府器，用于出口的青花大盘、罐、瓶，还有元代另外一类非常杰出的陶瓷制品：釉里红凤。与青花瓷一样，同属于高温釉下彩，但因为制造量少，釉里红凤纹瓷是非常稀有和罕见的瓷器，如今国家博物馆收藏着大约40件元代的釉里红凤纹瓷，已经是很难得的收藏。

元朝在景德镇设置浮梁磁局后，釉里红凤纹瓷就作为新品种之一一直在烧制，但可能是因为当时国内以白色的枢府为主，国外以出口青花瓷为

✕ 元代（1206～1368年）青花四爱图梅瓶

主，所以釉里红凤纹瓷器产量很低，在湖田窑只出土过两块釉里红凤的纹瓷器碎片。

浮梁磁局当时的窑口有多少呢？1988年，考古学家在明御厂旧址的北侧（即现在旧御器厂阜安门外）一条深约1.5米的沟道中发现了一批元代官窑瓷器，器物品种有青花五爪龙纹罐、盒，金彩孔雀绿器等。后来在2003～2004年期间，在几乎相同的位置，又陆续发现了元代青花、青白釉、卵白釉残片。这些都印证了这两座窑口当时的地位。景德镇昔日的三百座窑口留下痕迹的不仅是这两座窑口，还有落马桥、戴家弄、再胜弄（原红卫电影院）、十八桥、曾家弄、中渡口等。

这其中不能被忽视的就是位于今天景德镇市中山南路红光瓷厂院内的落马桥窑。20世纪80年代，景德镇本想在这里建一座新的瓷器工厂，没想到打地基的时候发现了大量的元代瓷器，主要有青花、影青瓷和卵白釉瓷等。

青花瓷在诞生之后，景德镇一下子就成为中国最重要和主要的制瓷之都，而中国其他的窑口已经无法形成像景德镇这样大的气候。

PART 05
神秘的元青花瓷

在很长的一段时间内，元青花就像从未在历史上出现过一样，销声匿迹，甚至很多人误以为青花瓷是明清的产物，因为它的烧造高峰是明朝永乐（1403～1425年）和宣德年间（1426～1435年），而钴料也源自由郑和下西洋带回来的"苏麻离青"青花料。很长一段时间，元青花也没有出土的青花瓷来证明其存在，直到国外元青花的藏品渐渐被验明其身，青花瓷的鼻祖——元青花，才被揭开了神秘的面纱。

封存在托普卡帕皇宫库房的元至正器

因为外销，元青花瓷在国外的影响很大，更因为《马可·波罗游记》所留下的关于元青花瓷的传记，青花瓷一度被认为代表着中国瓷器，被一些喜欢中国的外国人所了解。但是在国内，元青花就像突然消失的亚特兰蒂斯，在历史上很少有成篇的记载，至少在明清两朝，长达五百多年的时间内，没有任何零星文字记载。直到1929年，那对智化寺的瓶子引发的收

藏风波，才使得大家明白原来伊朗阿特别尔寺以及土耳其伊斯坦布尔旧皇
宫托普卡帕博物馆里收藏的瓷器都是元代青花瓷的精品，并非是明青花。
自此之后，那些被历史所掩埋和淹没的元青花精品才被更名为"至正型"
器。至正，指的就是元至正年间（1341～1368年）。托普卡帕博物馆曾记
载，1453年，青花瓷器进入了托普卡帕皇宫。

托普卡帕皇宫在中国古陶瓷界非常知名，因为它收藏有40件元代青花
瓷，以及10,358件13～19世纪末的中国陶瓷，其中不少举世孤品。可惜的
是，自从伦敦佳士得的拍卖会之后，土耳其人知道了元青花的收藏价值，
便取消了所有公开展览与私下的参观与拜访机会。最早收藏元青花的地方
是托普卡帕皇宫后宫的厨房，它在大院右首侧，作为中国瓷器的展出厅被
使用，现在这个展厅进入了无限期的修缮期间，那40件景德镇制造的元代
青花瓷也早已经被收进了戒备森严的库房。

伊朗国家博物馆里的元青花

当然，喜欢元青花的人，还是可以在伊朗国家博物馆看到青花瓷的展览。这里的32件元青花来自于曾经统治过伊朗的帖木儿帝国，其前身就是成吉思汗的孙子建立的伊利汗国。根据伊朗的历史记载，1611年，伊朗国王阿巴斯·萨菲将宫廷珍藏的1162件中国陶瓷敬献给了阿迪比尔陵清真寺，这1162件中国瓷器中就包括有现在伊朗国家博物馆收藏的32件元青花。在伊朗国家博物馆收藏的元青花中，有些明显是伊利汗国宫廷使用的器物。

另有一种关于元青花诞生的传说：伊利汗国的使臣觐见元朝皇帝，随行的商队将产自伊朗的上等钴料带到了中国，再由景德镇的制瓷工匠烧造出精美的元青花，最后这些元青花再由商队带回伊利汗国。后来，帖木儿

╳　元代（1206～1368年）青花凤首流扁执壶

帝国完全占领了伊利汗国，那些景德镇制造的精美元青花也成为战利品，但是帖木儿帝国在1507年被萨菲王朝所消灭。萨菲王朝重新统一了伊朗全境，这些元青花再次作为战利品归属萨菲王朝，据说这便是伊朗国家博物馆馆藏元青花的来历。

相传，土耳其托普卡帕宫那40件元青花瓷也是来自伊利汗国。公元1514年，好战的奥斯曼土耳其帝国的苏丹萨利姆一世突袭了萨菲王朝，击败了伊朗国王伊斯迈尔一世，抢走了萨菲王朝宫廷所珍藏的40件元青花，这40件元青花就是现在托普卡帕皇宫里被严加看管起来的40件稀世珍品。

沉船里的印记

在中国，除了故宫所收藏的元青花瓷精品之外，一些在元代从事商贸的沉船也陆续被打捞出来，为元朝末期瓷器的海外贸易提供了有力的证据，也佐证了元青花瓷的存在。

2010年5月，中国国家博物馆水下考古队在西沙群岛永乐环礁石屿进行考古调查时，意外发现了一处元代沉船，从中打捞出180件元青花瓷片。这些瓷片与国内一些古墓，以及景德镇湖田等窑址中所出土的元青花瓷器相一致。这些青花瓷样在菲律宾、印尼、非洲东海岸等海外一些地区也有收藏。

2014年至2015年年底，东北亚水下考古研究所和中国文物学会收藏鉴定委员会在印度尼西亚水域也进行了中国沉船的勘探和打捞，发现了四艘中国古代的商船，其中一艘元代商船、一艘明代商船、两艘清代康熙年间商船。在这艘元代沉船上，有元代中国国宝级元青花瓷80多件，其中50多件青花瓷已经正式回归到中国。

除了在海外的沉船打捞外，前几年在山东省菏泽市京杭大运河的古河道清理中，发掘出一艘元代的沉船，其中最大的收获就是三件元青花，其中最珍贵的就是龙纹梅瓶。

PART 06
海上瓷器之路

从宋到元，同样的窑、同样的技术，却很难再烧出宋朝那样精美、温婉和细腻的瓷器了。值得庆幸的是，除了青花的诞生之外，还产生了唯一能够保持一些宋朝水准的龙泉窑。青色的龙泉瓷沉稳典雅，窑工们把夏天的所有颜色几乎都浓缩到釉色里，蕴含着此处无声胜有声的诗意，征服了世界。

海外世界对青瓷的喜爱、西亚人对青花的需求，整个瓷器的出口状况，都被一位叫作汪大渊的人写在他的航海日记里。

写在航海日记里的瓷器贸易史

在南昌，一座9米高的巨型铜像矗立在汪大渊广场上，这座铜像的主人公就是元代的航海家汪大渊，据说这位土生土长的年轻商人自小就喜欢地理和各种猎奇事物。汪家家境殷实，世代经商，父母对他寄予了很高的希望。一次他随着父母来到泉州，泉州港往来的商船和各地的水手给了他深刻的印象，为他不平凡的一生种下了一棵航海的种子。

元明宗至顺元年（1330年），汪大渊从泉州搭乘远洋商船开始了他的第一次航海旅行，直到1334年夏末秋初的时候才回国。汪大渊的家乡在赣州南昌城，自唐朝开始，赣州就是朝廷的造船厂所在地，也是出海经商的港口，所以这里的人们早就习惯"出海"二字。

汪大渊没有满足一次的航海出行，在家里没待几年的他又开始了第二次航海旅行，这次航海是从元顺帝至元三年（1337年）到至元五年（1339年），他依然选择从泉州出海。两次航海旅行之后，汪大渊开始奋笔疾书，把所见所闻全部记录了下来，这就是后来被收录到《四库全书》中的《岛夷志略》。

《岛夷志略》全部是他本人亲身经历和走过的地方，一共有100条线路，这些国家和地方涉及到220个国外的地名，包括现在的越南、柬埔寨、泰国、缅甸、孟加拉、印度、巴基斯坦、伊朗、伊拉克、叙利亚、沙特阿拉伯、埃及、索马里、肯尼亚、坦桑尼亚、马尔代夫、斯里兰卡、马来西亚、东帝汶、文莱、菲律宾、马来西亚、新加坡、坦桑尼亚、澳大利亚和摩洛哥等等。汪大渊非常详细记述了元朝各类货物出口，如丝织品、陶瓷、金属、食品等，100多篇文章中有40多篇都在写中国瓷器的出口，记录了当时中国有44个港口出口瓷器，龙泉青瓷占出口的第一位，青花瓷占第二位。

被外国人称为"雪拉冬"的龙泉瓷

《葡萄牙王国记述》一书中记录了西方对中国瓷器的贸易情况，称龙泉青瓷"是人们所发明的最美丽的东西，看起来要比所有的金、银或水晶都更可爱"。

在动荡的北宋和南宋末年，位于浙江龙泉的龙泉窑开始发展壮大。南宋时期，龙泉的粉青和梅子青釉瓷色的烧制成功把青瓷的釉色之美推到了瓷业的顶峰，瓯江和松溪的两岸烟火接连成片。这种情况持续到了元朝，龙泉窑又比宋时扩大了好几倍，瓯江上往来运输的船只络绎不绝，河流声伴随着窑工、搬运工的吆喝声此起彼伏，无比热闹。

龙泉窑是出生于浙江的章氏兄弟的杰作。中国历史上著名的明朝才子陆深笔下所描写的哥窑和龙泉窑，是历史上最早的对哥窑和龙泉窑进行的文字记载。据说当时龙泉并不出名，两个兄弟从外面学艺回家之后，就决定把龙泉窑做好，章生一烧制的晶莹剔透像冰裂一样的瓷器开片成为瓷器里最惊心动魄的美，这便是举世闻名的哥窑；而章生二也烧制出一种不同于以前龙泉窑的青白瓷瓷器，这就是传世的龙泉青瓷。

龙泉瓷的成色可以媲美高级的翡翠，釉层较厚，釉面光亮，玻化的程度非常高。因为色彩接近梅树正生长着的"梅子"，也被称为梅子青瓷。梅子青瓷在宋朝时就出口到海外，成为当时外国人最喜欢的中国瓷器。梅子青瓷在欧洲被称为"雪拉冬"。"雪拉冬"是法文Celadon的中文译名，是法国著名舞剧《牧羊女亚司泰来》中男主人公的名字，后来这种青瓷传入朝鲜和日本，影响了这两个国家的瓷器烧制。

梅子青瓷的烧制从北宋开始，一直持续到南宋、元朝直到明朝，不仅浙江龙泉在烧制，连带着福建、广东沿海和江西一带的瓷窑也仿效龙泉窑烧类似的瓷器用于出口。

当时的商船航运是费了一番周折的，烧好的龙泉瓷先被装上船运往临安，转由当时重要的通商口岸——温州和泉州出海，然后再被销售到日本、韩国、东南亚以及欧洲。现在的考古工作者曾经从浙江省瓯江两岸的窑址中发现了200多处元朝时候的窑址，而整个浙江有300多处烧制龙泉瓷的窑址，这还不包括江西和福建仿龙泉瓷的仿制品，无疑，当时真正瓷业的霸主是龙泉瓷。1975年，在韩国西南部的新安海底发现了一艘元代沉船，这艘古老的沉船在海底沉睡了七百年，打捞出1万多件出口瓷器，其中龙泉青瓷竟然占了9000多件。

而同一时期的景德镇正在积蓄力量，青花瓷刚刚崭露头角。到元代中晚期，景德镇又烧出了釉里红、钴蓝釉、铜红釉，这些成果都为其日后成为中国的瓷都埋下了伏笔。

✕ 宋代（960～1279年）龙泉梅子青瓷

第三章

独步天下的明青花

明朝生产的青花瓷不再像元青花那样在历史上身份模糊不清。宫廷的认可、民间的使用，再加上海外的订单与大量的出口，使得青花瓷成为炙手可热的流行品。这种需求刺激着窑工们也在不断的创新和制造，明青花在海内外都有着大量成品存在。

青花瓷　青白间的中国瓷器史

✕

PART 01
再次受到皇家青睐的景德镇

1356年，朱元璋率领农民起义军攻下元朝重兵驻守的集庆路，把集庆路改为应天府（今江苏省南京市），后来在这里称帝。朱元璋对青花瓷与景德镇都有着特殊的情感，也许就是这种特殊的情感，才使得他在明朝成立的第二年（1369年），就下令在景德镇烧制青花瓷，景德镇再次受到皇帝的青睐。

朱元璋设浮梁御窑

与此同时，伴随着南方起义军和北方元军的大厮杀，长江以北的所有窑口都不得不彻底停工，窑工们不得不再次大搬家。而这次搬家搬得就更彻底，中国也因此丧失了更多古老瓷器的传承。

陪伴战乱的永远是人民生活的不安稳，萧条替代了繁荣，死替代了生。依赖于进口的青花料"苏麻离青"也不得不停止进口，景德镇的青花产业遭到致命的打击和重创，短期内景德镇的窑火变得七零八落。

1368年1月，朱元璋在应天登基称帝，建立大明王朝，年号洪武。第二年，朱元璋宣布把景德镇定为皇家御窑，而御窑所在的位置，就是景德镇珠山。《浮梁县志》中这样记录珠山的地理位置："珠山，在景德之中独起一峰，高数十仞，绵亘数里，峰峦遥列，俯视四境。"

　　清末的古玩名家、大理院少卿赵汝珍撰写的《古玩指南》中记载，洪武二年（1369年），"在景德镇建新窑二十座，专供烧造御用器皿，只求出品精良，不计成本多寡，故瓷业进展急速，数年间即完全恢复宋代之繁兴"。这些御窑就是明朝时期景德镇最早的官窑。其中珠山御窑的地位非常显赫，一直持续了五百年，后来清朝的皇家宫廷用瓷也都是从这里生产的。明朝时珠山被称作"御器厂"，到清时改名为"御窑厂"。现如今，珠山是世界上保存最完好的皇家瓷厂遗址。

╳　景德镇御窑

如果现在去珠山，历史上制瓷所剩下的垃圾堆成了一座小山，这座小山成为珠山的标志。但是直到今天，人们还没有在珠山发现过带有洪武官窑纪年款的瓷器。南京博物院曾经在南京明故宫玉带河遗址发现过青花云纹残盘和其他一些青花残片，从其制作的精细上判断，那些青花残片应属于洪武官窑所制瓷器。

也许这与明朝时期的皇家陶瓷生产制度有关系，在明朝，御窑的生产成为一种垄断和神秘的事情，每次落选器和残器都要被打碎之后就地掩埋在御器厂内，这种局面直至嘉靖年间改变了生产制度，从完全的御用窑口转变为官搭民烧后才结束。

明太祖的青花情结

现代的考古学家们曾经将元大都遗址、内蒙古集宁路古城遗址出土的青花瓷与南京明故宫遗址出土的青花瓷进行过对比，完全认定元青花瓷使用的"苏麻离青"是进口料，但是从元至正十六年（1356年）农民起义军于光占领景德镇前后，到郑和下西洋这段时间，"苏麻离青"的进口是中断的。那么那一时期生产的青花是如何制造出来的呢？

明初，明太祖朱元璋把都城建在南京，所以在南京和江西这两个地区都出土过明洪武年间的青花瓷，其中有很多都是来自景德镇的御窑制造。景德镇的窑工们在没有进口青料的情况下，只得开始在国内寻找可以替代苏麻离青的青料，也是从这个时候开始，中国的青花瓷开始使用国产青料制作青花了。

✕ 明洪武年间（1368～1398 年）青花人物狮耳罐

　　明皇宫出土的洪武青花都体现出这个时候的景德镇在各方面都在沿袭和继承元代的风格，祥云纹饰是完全相同的，花卉纹饰与元青花瓷有些相似，但颜色开始变得深沉，而且更偏向蓝黑灰色，瓷器的釉面散发着淡淡的亚光，就好像经历了很多的沧桑岁月。

　　洪武瓷的特有风貌，和朱元璋的身世有着举足轻重的关系。明太祖朱元璋出身元末一个颠沛流离的贫苦农民家庭，原名朱重八，《明史·太祖本纪》中记载：朱元璋"世家沛，徙句容，再徙泗州"。为了生存，朱元璋曾经做过和尚，当过乞丐。有一次，好几天没有吃上饭的朱元璋饿晕在街头，被一位年轻女子救起，喂他喝了一碗米汤。盛米汤的是一只青花瓷碗。

其实，朱元璋对青花瓷的青睐，并不只在这一个传说中。在明朝推翻元朝后，朱元璋最大的希望是能够恢复宋朝的文化和艺术，但是他并没有采取开放的政策去推动和改变艺术的存在，而是在洪武二年（1369年），开始下达一系列的禁止命令，这些内容小到陶瓷纹样用色，大到歌舞艺术装饰风格，比如之前民间四处唱诵元曲的戏班子都改为国家的戏班子，个人的戏班子被禁止，而唱戏的内容也有明令规定，唱错内容的演员要被割唇。在瓷器上，一改元朝时候工匠们喜欢在瓷器表面进行人物故事纹饰的艺术形式，并且禁止在瓷器上绘画人物纹饰。颜色也失去了鲜艳，而变成了非常朴素的发着青灰色的黑青花。这些黑青花在今天看来不仅是朴素，还散发着沉稳典雅和优美，甚至成为日本青花瓷烧制艺术的主流。

PART 02
郑和下西洋带来青花瓷的发展高潮

从1405年起，明永乐帝命令他的手下郑和七次下西洋，而郑和也没有辜负永乐帝对他的期望。这七次航海，不仅清剿了很多海盗老巢，还为明朝与很多海外国家建立了外交关系，恢复了海上丝绸之路。而对于陶瓷业来说，最重要的是郑和不仅带回来了苏麻离青，还带来了大批的海外订单。

朱元璋逝世后，把皇位传给了自己的孙子朱允炆，这就是明朝的第二位皇帝建文帝，但是建文帝的位子还没坐牢固，在建文元年1399年，就开始发生了明朝最重大的一次内部叛乱事件：靖难之役。靖难之役的发生还是要从朱元璋说起，他在位的时候把儿孙们都分封到各地做藩王，随着时间的推移，藩王们的势力也日益开始膨胀。因为太子朱标早逝，所以洪武三十一年（1398年），皇太孙朱允炆继位，建文帝是一位颇有想法的小皇帝，他改革了很多朱元璋治国时候的弊政，与此同时也联合亲信大臣们采取了一系列削藩的措施，历史上被称为建文新政。在朱元璋所有的儿子里，明太祖第四子燕王朱棣是一位非常有影响的将军，曾经多次受命参与明朝北部的军事活动，两次率师北征，这样就加强了他在北方军队中的影响。

建文帝上台之后不仅派人监视朱棣，还想要调走他的精良军队，于是朱棣发怒了，便发动靖难之役，起兵攻打建文帝。靖难之役一共持续了四年时间，最后的胜利者是朱棣，他于1403年登基，在位22年，这就是明朝最著名的明成祖永乐大帝。永乐帝不仅把明朝的首都从南京迁移到北京，还修纂《永乐大典》、设立内阁、疏通运河、威服蒙古、收复安南、荡平倭寇、铸造永乐大钟等。

永乐帝朱棣勤政爱民，也是一位爱惜人才、尊重文化艺术的皇帝，他曾经说过："斯民小康，朕方与民同乐"。所以明朝这个时期的工艺和艺术，都达到过一个历史巅峰，景德镇瓷器业开始进入了一个生机勃勃的创新时代，青花瓷的黄金时期到来了。在这个时候，永乐皇帝推动的最主要的一件事，就是让自己曾经的贴身侍卫、也是非常信任的一位太监——郑和下西洋。

郑和下西洋带回进口青花料

郑和是一位非常了不起的人物。他出生于1371年，原名马三保，是云南人。马三保自小聪明好学，对航海有着浓厚的兴趣，所以他从小就开始锻炼身体，计划着有朝一日可以去航海。

传说，郑和下西洋有着两个原因：一是为了寻找失踪多年的建文帝。据说当明成祖朱棣发动"靖难之役"，最后攻下明朝的国都应天府（今天的南京）时，建文帝火烧了皇宫。之后，朱棣找遍了整个皇宫也没有找到建文帝，所以派郑和下西洋寻找。但是第二个使命更重要，就是联络海外，

恢复一度中断的海上丝绸之路。而郑和带给制瓷业最直接的好处就是恢复了进口青花料，而且还带动了青花瓷的出口。

郑和前前后后一共下了七次西洋，首次航行始于永乐三年（1405年），最后一次航行结束于宣德八年（1433年）。在七次航行中，郑和率领船队从南京出发，在江苏太仓的刘家港集结，至福建福州长乐太平港驻泊，伺机风向开洋，远航西太平洋和印度洋拜访了30多个国家和地区，其中包括爪哇、苏门答腊、苏禄、彭亨、真腊、古里、暹罗、阿丹、天方、祖法尔、忽鲁谟斯、木骨都束等地，目前已知最远到达东非、红海。

郑和下西洋是中国古代规模最大、船只和海员最多、时间最久的海上航行，是15世纪末欧洲的地理大发现，也是世界历史上规模最大的一系列海上探险。

就这样，在景德镇断了三十多年的苏麻离青又出现在了景德镇的窑口，烧制的青花瓷器也出现了新高峰，这个时期生产的青花瓷被称赞为"开一代未有之奇"。

风生水起的瓷器外贸

历史上的永乐帝造福了很多老百姓，郑和下西洋恢复了海上丝绸之路，于是，如同雪片一般的海外陶瓷订单纷纷向景德镇飘来，这个时候，景德镇青花瓷的制作数量达到了峰值，与此同时，风格也开始出现了的转变。

永乐时期的订单来自全球各个地方，由于来自信仰伊斯兰教的阿拉伯和南亚国家偏多，景德镇的工匠们在设计青花的时候，造型也有了强烈的伊斯兰特色，这些都是景德镇的能工巧匠们拿着从叙利亚、埃及、土耳其、伊朗等地区进口的各种工艺品来进行模拟造型和绘制花纹的。那个时候从这些国家进口到明朝的有陶器、铜器、金银首饰、玻璃制品等，此外还有各种玉器。这些仿照国外工艺品生产和制作出来的青花瓷不仅仅用于销往海外，明朝的宫廷和民间也会使用。

比如卧壶，就是永乐时期按照西亚铜质扁壶，由景德镇的青花瓷窑口进行再创制的。这种壶的一面没有上釉，壶口两侧的肩部可以系东西，所以整个壶是可以悬挂起来的。在明朝之前是没有这种卧壶的款式，更没有这种需求。

除去受伊斯兰审美的影响，永乐时期最主要的青花瓷器还是传统器物，这些器物继承了朱元璋在位时期瓷器制作的特点同时，又发展了自己的特色，造型圆润、灵巧、清秀。很多瓷器还将伊斯兰的纹饰融入到中国的传统纹样里，比如最知名的缠枝花纹。缠枝画法是中国传统的方法，但经过创新的纹样花朵却不是以中国传统画法画的，特别是在缠枝上一侧还画有麦粒状纹或花瓣纹，这都是在中国传统画法中找不到的。

✕ 带有伊斯兰风格的青花瓷

PART 03
青花之外的精品瓷器

　　2008年，在南京市江宁区将军山发掘出明代沐斌夫人梅妙灯的墓葬，墓葬中有很多件镶嵌着红宝石的金饰品，其中一件细的金链所悬挂的小方盒，在细细的金掐丝工艺上，镶嵌了好几颗红蓝宝石，这件工艺品的美丽和设计令现代人瞠目结舌，简直可以秒杀很多现代奢侈品大牌的设计。红蓝宝石类的东西，包括瓷器，在明宣德（1426～1435年）和成化（1465～1487年）两个时期都非常流行。

珊瑚一般的宝石红

　　永乐时期（1403～1424年），窑工创造烧制出来的红釉瓷像是为了和青花瓷对称。那时候的红色非常鲜艳，像红宝石一样闪闪发光，所以人们会称它为"鲜红"，又称为"宝石红"，在永乐年间常常被用于祭祀。

　　到了宣德年间（1426～1435年），红釉瓷不再用于祭祀，只供皇家使用，烧制的更是精品中的精品了。现在，台北故宫博物院收藏着一件宣德时期的宝石红僧帽壶。这个壶非常有趣，壶盖形似藏传佛教僧人的僧帽，周身都是红釉，散发着岁月的幽光，深沉且温润。宣德的红釉在史书上有很多记载，说"如初凝之牛血。"意思是就像刚刚凝固住的牛的鲜血，色泽深重，不漂浮。

✕ 明永乐年间（1403～1424 年）由出土碎片拼粘的官窑红釉僧帽壶

永乐大帝酷爱的"甜白"

　　相比少而精的红釉，永乐年间的"甜白"瓷，可称得上是大担当。"甜白"瓷通体都是白色，是在元代白瓷的基础上烧制成的。因为制作技术太高超，瓷器呈现出轻盈秀美的姿彩，远远超越了以前任何一朝的白瓷技术，所以人们就把这种白瓷叫作"甜白"。甜白的产生也和朱棣有很大关系。

╳　明永乐年间（1403～1424年）青花执壶

永乐帝朱棣当政22年，一直推行节俭的政策，规定宫廷日常生活不准使用金银器。不过皇帝的生活虽然节俭，但不代表可以随意，朱棣特别讲究生活细节，据说为了保持仪表，他在睡觉时都会带上胡子保护套，以防止胡须因为睡觉而弄乱。所以，瓷器要烧制得外观朴素、品质绝佳，才能入得了皇帝的法眼。当时御窑下达的烧制要求是：器物制作必须轻薄规整，不许马虎。因此，永乐时期制作出来的瓷器，是整个明代最规整美观的。

珠山御窑里曾出土过很多被打碎掩埋的永乐时期的瓷片，其中的白瓷非常有宋代风范，即便青花瓷的花纹也都描绘得整整齐齐，颜色浅淡。这些制品虽然是残片，却代表了明代官窑瓷器的最高水平。对那些曾经在景德镇日夜辛苦劳作的窑工们来说，不忘记，就算是后人对他们最好的纪念吧。

埋入地下的瓷器碎片珍品

景德镇重量级的御窑珠山，不仅是一座官窑，它更成为今天明代陶瓷制作的见证人。

1982～1999年，著名的古陶瓷专家刘新园带领着一批又一批的考古工作者在珠山御窑厂遗址中发现了很多重要的文物，这其中最令人震撼的就是发掘出印有"永乐年制""永乐元年""永乐二十一年"等数以吨计的瓷器碎片，其中有白釉、红釉、黑釉、釉里红、青花和极为罕见的红、绿彩与绿地酱釉瓷等。

✕ 明永乐年间（1403～1424年）由出土碎片拼粘的官窑红釉印花盖盒

　　中国古代官窑一直有一个严格的规矩：瓷器的碎片不能流入民间。不管是烧成的次品还是落选的贡品，或者是因为某种原因而造成打碎的瓷器，这些瓷器碎片都必须就地掩埋。故宫中的规矩也是一样。在纪录片《故宫》第六集《故宫藏瓷》中就记录过故宫清理地层时也挖出过成堆的碎瓷片。在明朝，落选的贡品有可能是烧出来的残次品，也有可能是瓷器不合皇帝的口味，或者临时改了主意，不再需要这些瓷器了，于是，即便是绝世的珍品，也只能被打碎了埋入地下。

PART 04
宣德青花，青花瓷的巅峰

　　明宣德青花是中国青花瓷的巅峰，被称颂为"开一代未有之奇"，《景德镇陶录》中如此评价宣德瓷器："诸料悉精，青花最贵。"这个时候的青花，是超越于其他朝代的青花瓷，它有着典雅的造型、晶莹剔透的釉色以及鲜艳无比的钴料，历史上有很多文人都对宣德青花进行过毫不吝啬的夸赞。

天价的宣德青花

　　明代的王世性在《广志绎》中说："本朝，以宣（宣德）、成（成化）二窑为佳，宣窑以青花胜，成窑以五彩。"明张应文《清秘藏》论窑器中描述："我朝宣庙窑器，质料细厚，隐隐橘皮纹起，冰裂鳝血纹者，几与官、汝窑敌。即暗花者、红花者、青花者、皆发古未有，为一代绝品"。清乾隆年间朱琰《陶说》谈宣德窑："按此明宣窑极盛时也，选料、制样、画器、题款无一不精"。2017年，香港苏富比春拍的一场明清御瓷专场，其中一个

✕ 明代（1368～1644年）景德镇官窑青花缠枝莲纹盘

✕ 明代宣德年间（1426～1435年）景德镇窑青花人物图碗

明宣德青花鱼藻纹十棱菱口大碗拍出了两亿的天价。

除了景德镇的官窑，在宣德时期也有很多民窑在烧制青花瓷，这些民窑生产的青花风格都非常简洁，纹样的画法也特别奔放，但是画面构图却充满了意境。虽然也是珍品，但是从整个烧制的实力和质量上，都比不上景德镇的官窑。

奇妙的橘皮釉

宣德时期的青花瓷整个胎体都要比永乐时的青花厚重很多，一眼看上去就能感受到瓷器自身的精密细腻、洁白坚硬。偏大一点的瓷器大多是无釉的白色细砂底，用手抚摸上去十分的光滑，器皿的底部有火红颜色的小斑点。造型中小一点的瓷器底部上釉，在白中泛出一种淡淡的青

╳ 明宣德年间（1426～1435年）孔雀绿釉高足碗

色，俗称"亮青釉"。瓷釉的表面并不太平整，在高倍放大镜下观察，釉面充满了大大小小的气泡，小气泡连着大气泡，是一项极为难得的烧制技术，因为这种釉面的表面凹凸不平，很像橘子皮，所以人们把这种宣德时期特有的瓷釉叫作"橘皮釉"。宣德年间，无论是什么品种的瓷器，几乎都是这种釉面。

此外，这个时期使用的苏麻离青全部都是进口钴料，青花的色彩深浅不一，浓重的地方还会出现黑色的斑点，在洁白细腻的胎色和微微发青的釉色衬托下，显得与众不同，呈现出一种美轮美奂的特殊效果。这两点可以说是宣德青花最有特色的地方了。

从未被超越，一直被模仿的宣德制瓷术

后人喜欢仿制宣德瓷器，尤其是在清朝雍正年间，仿制的宣德瓷器最多，但是釉色大都是青中泛白，橘皮纹大小一样非常规整，也没有任何层次，显得不太自然。现代仿制的宣德瓷也很多，但是这些仿制品釉色都非常深，釉层薄薄，有的还没有橘皮纹。

这种橘皮纹路是怎么烧制出来的，可以说是当时景德镇御窑窑工的一项秘诀，在宣德之前和之后朝代都没有出现过。这是因为宣德青花瓷所施的瓷釉富含碱金属氧化物，这种釉的高温黏度非常大，但是冷却起来却非常缓慢，需要长时间的冷却过程，在这漫长的冷却过程中，瓷器才会慢慢形成高低不平的橘皮釉面。

《清秘藏》中说"宣庙窑器，质料细厚，隐隐橘皮纹起"，讲的就是

╳ 明代（1368～1644 年）景德镇窑青花花卉纹卧壶

╳ 明代宣德年间（1426～1435 年）官窑青花葡萄纹葵口盘

宣德瓷器这种独特的烧制秘诀。近代有位明清瓷器鉴定专家孙瀛洲先生，曾在一篇文章里写道："凡款色雾暗而下沉，器身和口里足内闪有明显的牙黄色，浓釉处微闪青色者，具备这三个特点，虽无橘皮棕眼，也无疑是真品。"

宣德皇帝的蟋蟀罐

在珠山，除了发现过永乐年间的瓷器碎片之外，还曾经发现过一大批宣德年间的御用瓷器碎片。这批瓷器的碎片出土于20世纪90年代初期。当时的考古学家在珠山明代御窑厂清理遗址，现场发掘出大量窝状的碎瓷片。经过现代能工巧匠们的复原，一批500多年前的蟋蟀罐呈现在世人面前。它们造型精美，釉色洁白，正是宣德年间的皇家专用蟋蟀罐。

宣德皇帝是明朝历史上一位非常有勇有谋并且体惜百姓的皇帝，他与他的父亲明仁宗一起创造了明朝历史上最著名的"仁宣之治"，深受当时的大臣和百姓的拥戴。据说，这位勤政爱民的皇帝有一个嗜好——斗蟋蟀，当时朝野皆知，明宣宗也因此时常被大臣指责。虽然没有任何相关的正史资料可以证实这个传说，民间确实一直流传。

明代李贤在《天顺日录》中记录："宣庙崩，太后即命将宫中一切玩好之物，不急之务悉皆罢去，革中官不差。"也就是说，明宣宗去世后，宣德皇帝的母亲张太后命令专门的官员负责将宫里皇帝喜欢的一切玩物都给销毁，销毁之后就都被埋在地下，如果办理得不彻底，就要把这位官员给革职查办。

明代史书上所记载的宣德皇帝不仅是治理国家的一把好手，而且文武恭俭孝顺节俭，几乎没有什么兴趣爱好。但是事实上，这位皇帝除了斗蟋蟀之外，还喜欢养花养鸟，这些在景德镇出土的宣德时期的文物中都可以找到。除了蟋蟀罐、花盆之外，景德镇还出土过一种非常别致的小瓶子，有四方琮式、潮水纹竹节式，还有葫芦式，与这些小瓶一起出土的都是鸟食罐，所以可以确定的这些就是宣德皇帝时候所用的编笼花瓶，这种花瓶是放在鸟笼里用来装花卉所用的。

　　历史上真实的宣德皇帝非常喜欢养鸟，尤其特别宠爱鹦鹉，据说他最宠爱的鹦鹉都是用黄金编织的笼子饲养的，不仅仅是这样，宣德皇帝还会将特别名贵的鸟赏赐给自己的重臣老臣。据说，有一次他同杨士奇、杨荣等十八位大臣同游禁苑内的万寿山时，就赐给每位大臣一只鹦鹉并且配上上好的笼子。

　　在青花无比兴盛的宣德时期，青花的制造数量是多少呢？这个在《大明会典》中有过很详细的记载，其中最令人惊叹的数字就发生在宣德八年（1433 年），朝廷一次就下达命令，要景德镇烧造龙凤瓷器443,500件！其中，绝大多数都是青花瓷。当然，朝廷订单并不专指提供皇宫日常生活的瓷器订单，事实上，这些大批量的订单有很多都是朝廷为对外出口而定制的商品。宫廷使用、外销这还不算，往来中国的使节，朝廷也都会馈赠青花瓷作为答赠。可以说，在明朝时，青花瓷已成为东西方文化交流的重要礼品，成为东西方文化交流的见证。在宣德时候，青花能够达到这么高的制作巅峰，离不开宣德皇帝的支持。他不仅是一位政治家和军事家，也是一位非常出色的画家，他非常鼓励和支持文化艺术的自由和发展，所以才带来了宣德时期艺术文化发展的巅峰。

PART 05

成化无大器，唯玲珑而已

成化（1465～1487年）是明宪宗朱见深的年号，这个时期的青花瓷摆脱掉了宣德青花的大气厚重，全部生产玲珑小巧的器皿，所以后人这样评价成化青花说"成化无大器"。著名的陶瓷收藏家孙瀛洲先生撰写过很多关于明陶瓷的书籍和文章，他将成化年间的瓷器六字款概括成六句歌诀："大"字尖圆头非高，"成"字撇硬直倒腰，"化"字人匕平微头，"制"字衣横少越刀，"明"日窄平年应悟，"成"字三点头肩腰。

小巧的瓷器

成化年间的青花瓷依然是分官窑、民窑两种，景德镇依然作为御窑而占据着江湖老大的地位。最初几年的成化青花瓷和宣德青花有些相似，也都使用进口的苏麻离青，但是后来慢慢随着器皿越来越小，钴料也开始使用国内的，所以就开始有了比较大的区别。

另外，成化年间创新出了胎薄、釉白、青色淡雅的青花瓷，这种瓷器

✕ 明成化年间（1465～1487 年）瓷器

✕ 明成化年间（1465～1487 年）官窑三彩鸭形瓷器

成为成化青花的代表，与后来弘治青花相类似，所以又有"成弘不分"的说法。成化青花瓷为什么会表现得这样细腻？据说是和明宪宗的性格有关，这位皇帝有过两次被立为太子又两次废黜的经历，始终对他不离不弃的只有他的保姆，就是后来成为贵妃的万贞儿。万贵妃也成为明宪宗最信任的人。据说，明宪宗此人心思细腻敏感，还有很严重的口吃，所以在上朝时候只回答"是"或"不是"，避免被大臣们所嘲笑。敏感细腻的性格造成了明宪宗偏于精细的审美，无疑，这也影响到了瓷器制造上。

国产的青料

景德镇的工匠们非常善巧。成化年间，因为国库中没有苏麻离青，青花的用料改成了产自江西乐平的平等青，又被称为"坡塘青"，不仅成化年间景德镇在使用平等青，到了弘治和正德早期，景德镇窑的青花也是以平等青作为钴料。

对于平等青，清《陶说》卷三这样说过：明朝瓷器宣德窑，此明窑极盛时也。选料、制样、画器、题款、无一不精。青花用苏泥勃青，至成化，其青已尽，只用平等青料。平等青含铁量较少，烧成后，色泽非常淡雅、清丽，笔触晕散不太严重。这个时候画工们的画也特别纤细，喜欢用双勾线勾勒图案，然后在图案内进行渲染，精致的画法、清亮的色彩、再加上小巧的器型，成化青花就产生出独到的细腻美。

明朝王士性在《广志绎》中写道："浮梁景德镇，雄村十里，皆火华山发焰，故其下当有陶埴应之。本朝以宣、成二窑尾仕。宣窑以青花胜，成

窑以五彩胜。宣窑之青，真苏勃泥青也，成窑时皆用尽，故宣不及成。然二窑皆当时殿中画院人遣画也。世庙经醮坛中物盏，亦为世珍，近则多造滥恶之物等"。

价值连城的宫碗

今天，成化瓷的收藏价值极高，成化宫碗第一次轰动收藏界是在2002年，在伦敦宝龙拍出82万英镑，折合人民币上千万元的价格。这只著名的

✕ 明成化年间（1465～1487 年）凤纹青花碗

描绘百合花的青花宫碗，也被称为"肯里夫碗"，是英国肯里夫勋爵旧藏，
是勋爵在 1947 年花了 325 英镑在伦敦购买到的。

　　肯里夫勋爵是英国皇家空军的中校，他从 1944 年开始收藏中国古玩，
藏品涉及历代的陶瓷、青铜器、玉器、鼻烟壶等，是 20 世纪中叶欧洲最
重要的中国古董收藏家。他的另外一个藏品，一只描绘着秋葵纹的成化宫
碗，1971 年在英国古董商 Bluett 展销会中以 25000 英镑售出，十年后在苏富
比拍卖会上以 407 万港币成交，2013 年 10 月再度以 1.41 亿港币成交，是目
前拍卖会上成交价最高的成化宫碗。2011 年的苏富比拍卖会，一只出自瑞
士玫茵堂旧藏的绘瓜藤纹成化宫碗，画工精致，以 9000 万港币成交。

斗彩鸡缸杯

据说，因为成化皇帝朱见深很喜欢北宋书画家王凝绘制的《子母鸡图》，再加上朱见深登上皇位的第一年（1465年）正好是鸡年，鸡也是"吉"字的谐音。成化皇帝便想烧制一款鸡缸杯。他的创意很快就传到了景德镇，窑工们思来想去，为了能够达到杯子和《子母图》画面的相似，唯有用斗彩来烧制。斗彩，人们从宣德时期就开始烧制，数量非常少，可以说是窑工们的试验品，而到了成化年间，斗彩就成为一种主流。

制作斗彩需要先在1300度的高温下预烧成釉下青花瓷器，再用矿物颜料进行二次彩绘，填补青花图案留下的空白，或者涂染青花轮廓线内的留白，然后再把这个彩色的瓷器送到低温窑里烧，二次烧制的温度是800度。重复的烧制，使得斗彩的颜色沉稳而且浓郁，敲击起来会发出像玉器一样的声音，美轮美奂。

对于斗彩，后人有很多不同的解读，有人认为"斗彩"应为"豆彩"，因为青绿色就像豆青；有人认为"斗彩"应为"逗彩"因为釉下与釉上彩似在相互逗趣。有人认为"斗"是江西土话，是"凑合"的意思，应该写成为"兜"。但实际上，斗彩就是填补颜料的意思，非常直白。在成化年间以及此后的明朝历史资料里都没有出现"斗彩"这个词，最早出现斗彩这个词，是清朝乾隆年间的《南窑笔记》。

景德镇的窑工们用了高岭土来制作朱见深定制的斗彩鸡缸杯。鸡缸杯极其精美，放在光下透着微微的光亮，真如美玉一般。杯子很小，高4厘米，口宽8.3厘米，侧面画着小鸡和鸡妈妈一边玩耍一边啄食蜈蚣的画面，还有一只大公鸡雄赳赳气昂昂的啼鸣，画面的背后是牡丹和太湖石，画面形象生动，活灵活现。如此复杂的画面，呈现在小小的杯子上，让人实在

✕　明成化年间（1465～1487年）描金鸡缸杯

不能不慨叹成化窑工和画工们的高超手艺。

　　鸡缸杯一做成，就立马送到朱见深面前。他非常喜欢，马上招呼最宠爱的万贵妃一起欣赏，还下令大批制造鸡缸杯。后来这种杯子成了朱见深的御用酒杯。

　　历史上很多器物都是在后世才开始升值，但是唯有斗彩鸡缸杯在明成化年间就开始物以稀为贵，千金难求。清朝的《陶说》里记载说："成窑以五彩为最，酒杯以鸡缸为最，神宗时尚食御前，成杯一双，值钱十万。"十万其实是个虚数，意思就是很贵很贵。后来清朝的雍正和乾隆两位皇帝都一心想烧出鸡缸杯，可惜瓷胎不够好，烧不出品质一样的杯子了。

　　鸡缸杯留存下来的数量非常少，和当时对御窑管理的一个特殊政策有关：宫廷里御用的东西，只能允许官窑烧制，如果民窑烧制就是死罪。《明英宗实录》中记载：在江西饶州（景德镇在其管辖范围）一带禁止私人烧制黄、紫、红、绿、蓝、白的瓷器，如果有违抗命令犯法的人，就会被凌迟处死，家族里的男子全部都要被抓走当壮丁。如果知道有人私自烧制却不举报，就会和私自烧制的人遭受同样的处置。

PART 06
瓷器上的宗教元素与官搭民烧

到了明朝末期，景德镇的官窑几度被停止，甚至青花瓷的烧制都被叫停，但是民窑的生产并没有受到官窑的影响，青花瓷也并没有因此而退出历史的舞台。只是，正德年间，青花瓷的风格出现了各种变化。

╳ 带有伊斯兰风格的青花瓷

此时的青花瓷彻底改变了之前精致、纤细、小巧的风格，生产出造型凝重的大件器物。很多青花瓷器的瓶子上会出现藏文，同时也会有伊斯兰的纹样和阿拉伯纹。故宫博物院里也收藏着一个上面写有阿拉伯文字的红釉瓷瓶，据说这与正德皇帝朱厚照的信仰有关。他的信仰一直是一个谜，有人认为他信仰佛教也有人认为他信仰伊斯兰教，不管他信仰什么，这个时期烧制出来的青花会大量用波斯文和吉祥图案作为主体纹饰。

嘉靖帝和道教元素青花瓷

正德皇帝的堂弟嘉靖，本来与当皇上这件事没有任何关系，他的父亲兴献王是弘治帝的弟弟，湖广安陆的藩王。但是正德在31岁时就早逝，而且没有留下可以继承皇位的皇子，于是年仅15岁的朱厚熜就匆匆忙忙赶到北京继承了皇位（1522年），改年号为嘉靖。嘉靖皇帝特别推崇道教，一生乐此不疲。根据历史记载，嘉靖朝在景德镇官窑烧制的瓷器数量就达到60万件，加上弘治年间还没有烧完的30多万件，45年间，景德镇官窑一共烧制了100多万件的瓷器。这些瓷器中大都是道教用来祭祀用的器皿。

《明史·食货志》记载："三十七年（1558年）遣官之江西，造内殿醮坛瓷器三万"。嘉靖在位四十多年，有一半的时间都不上朝，专心研究道教炼丹，据说嘉靖的父母也信道教，他生长的地方湖北一带是中国道教的源头，武当山就在辖区内。嘉靖皇帝不仅自己信道教，还要求所有官员也要信仰道教。皇家烧制的瓷器除了按照道教的审美进行描金之外，也会制作道教所需要的五彩瓷器，所以这个时候景德镇也生产青花五彩器。

✕ 明（1368～1644 年）五彩青花瓷

　　这种彩瓷，并不是真的只有五种色彩，而是色彩使用的比较多，最典型的是用矾红彩直接描绘在白釉上，颜色非常厚重饱和，就好像是枣皮一样的红色，能够见到笔涂抹的痕迹。这种色彩源自道教崇尚五彩辟邪的说法，道士驱鬼常常用五彩在桃木上"画符"，对于这些说法嘉靖皇帝深信不疑，因此那个时候的皇宫里也摆放了很多五彩器。

╳ 清康熙年间（1662～1722 年）斗彩八卦纹盘

官搭民烧的制瓷业改革

这个时候的景德镇任务很重，因为任务多，就形成了一种新的工作形式。每年朝廷的工部都会向景德镇下达烧造瓷器的额定任务，这个就称为"部限"。但是，在部限以外，由于宫廷的需要还要临时加派烧造任务，这种额外的加派叫作"钦限"。嘉靖以后，瓷器烧造的数量激增，御窑厂一般只烧造部限的任务，而钦限的任务就会采用分派的形式给民窑完成，这就是"官搭民烧"。那时候负责管理和监督造瓷的最初是太监，后来除了地方官之外，还加入了皇家军队——锦衣卫。锦衣卫不仅过问各种窑物细节，从瓷土分配、烧造进度、窑工待遇等都要过问。但这种管制非但没让窑工的生活变好，反而越来越糟糕。

明朝的奏折上记载，景德镇窑工生活艰苦，常被逼"闹事"。嘉靖二十年（1541年），也就是官搭民烧的形式刚实行没多久，就引起了瓷业雇主和窑工之间的大暴动。六月初在景德镇乐平县发生了一起流血事件，那时，江西乐平县的制瓷工人都在景德镇的御窑厂做工，但是雇主不仅给的钱少，而且每餐饭都吃不饱，时间长了，窑工忍无可忍，就打算把窑里的瓷器拿出来充当自己的工钱，后被雇主发现，两方发生争执，最后发展到2000多乐平县人和景德镇人的大斗殴。这次事件直接导致了景德镇制瓷业的停摆，不仅如此，连当时各地生产青花瓷使用的主要原料陂塘青都断了货。

PART 07
再难有的大龙缸

　　在北京的故宫博物院以及明十三陵，偶尔能看到青花大龙缸，这种缸非常难得，是嘉靖年间景德镇烧制的精品。因为大龙缸的器型非常巨大，制作技术复杂，所以就造成了烧制的难度，烧窑的人当时有十窑九不成的说法。青花大龙缸是皇家的专用品，作用主要有两个：一是作为明器，陪葬到皇帝的陵墓，作长明灯使用；二是放置在宫中盛水防火的。但是这种在今天看起来很普通的大缸，到明万历年间，已经烧不出来了。

　　大龙缸为什么那么难烧呢？现代景德镇的窑口曾经复制过一口径100厘米、高80厘米的大龙缸，大约要用瓷泥500多公斤，三到五位拉坯师傅一起完成。而其他普通的小型瓷器拉坯，一位师傅就可以自己完成。因为太巨大，缸的坯胎也要先做成4段，最后再把这4段缸坯接在一起，才能成为一件完整的大缸。《景德镇陶录》中对于制作大龙缸有着非常明确的记录，在窑里烧制大龙缸要9天，冷却要10天，用柴量也非常巨大。如果运气不好，赶上阴天下雨，柴还得要多加，工作量非常巨大。不仅如此，这19个昼夜，窑工们一刻也不能放松，要随时观火色、察窑洞、控火势，几乎得不到什么休息。

　　明朝的王世懋在《窥天外乘》中记载，嘉靖年间，朝廷命令大家烧制

✕ 大龙缸

大缸，外围的尺寸有6尺相当于2米，所用的土料和青料都非常多，而且十个缸也就能烧出二三个比较完好的成品，非常消耗财力和人力。

明万历年间，景德镇依然是皇家御窑所在，但这个时候因为烧制大龙缸发生了一件历史上非常著名的事件。

烧制大龙缸引发的暴动

万历二十七年(1599年)，太监潘相为景德镇的督陶官，负责督造烧制皇家御用的大龙缸，但是烧了很久都没有成功。这位潘相曾是皇宫里管御马监的太监，万历皇帝亲自派到江西监督税收，同时也在景德镇做陶监，一共做了22年，他对待窑工不是打就是骂，甚至还杀害了很多窑工。窑工们的生活比嘉靖年间还不如，吃不饱穿不暖，每天还承受着繁重的制窑工作。

这时候在景德镇的烧窑工人里，有一位参与烧制大龙缸的窑工，名叫童宾。因为试了很多次，大龙缸始终没有烧制成功，潘相对窑工们又打又骂，窑工们苦不堪言。有一天，再也忍受不了的童宾纵身跳入到熊熊烈火的窑内，震惊了所有人。然而让人没想到的是，当悲伤的窑工们打开窑，发现这次的大龙缸竟然烧成了。但是童宾的死，激起了全景德镇工匠们的愤怒，引发了一次大规模的暴动。愤怒的窑工们烧掉了税署和官窑的厂房，也烧掉了潘相手下的房子，潘相好不容易才逃回北京。虽然最后，朝廷为了平息这次事件，把童宾封为"风火神""窑神"，并在景德镇御窑厂的左侧，建了一座"风火仙庙"，还在一定程度上改善了窑工们的生活，但是景德镇的制瓷业却一蹶不振，几近毁灭。

为了恢复景德镇的制瓷，烧窑业还定出行规，二十年一届开禁迎神，招收徒工，定升工种岗位，并举行迎神盛会。迎神会非常热闹，成为全镇陶人的盛典。迎神法会上，参与的人挤满了整个景德镇和码头，因为人太多，就有了日食"千猪万米"的说法。迎神盛会，一直持续到20世纪中期才逐渐消失。

风火仙师，窑工们的保护神

清雍正年间（1723～1735年），景德镇监督制陶的督陶官叫作唐英。唐英是一位受当时窑工们喜欢的清官，他为清朝景德镇的御窑厂做出过很

╳ 风神壁画

大的贡献。他精心撰写的《火神传》《龙缸记》及《陶冶图编次——祀神酬愿》等文稿，详细记录了童宾的生平。唐英这样写童宾："上济国事，而下贷百工之命"，"神之死也，可作忠臣之气，而坚义士之心"。

唐英还和年希尧一起主持重新修了"风火仙庙"，并把万历年间制造的大龙缸移到神祠用来供大家祭拜。在唐英的记录中，还可以得知清御窑厂最早重视童宾的是两位督陶官臧应选和徐廷弼。据说，他们在御窑厂督陶时，经常梦见童宾呵护窑火，保佑瓷器烧制成功。事实上，唐英这样做是为了鼓励窑工们努力工作，并从中发掘制陶大师，可以说是用心良苦的。

PART 08
一起海盗抢劫事件引发的明青花瓷热

　　2018年，考古工作队在重庆郊外费尽心思打开了一座明代古墓，工作队被墓室内墙壁旁一排排堆叠着的青花瓷震惊了。这些青花瓷足足有几千件。陪葬在古代是墓葬文化的一种风潮，只是已经没有人知晓，为什么这位墓室主人如此青睐青花瓷。一个挨着一个的青花瓷器，在数百年的尘土

✕　东印度公司在海上曾与中国船只发生激烈冲突

下依然散发出瓷器的语言，硬朗简洁，铮铮有声，仿佛在述说着当年人们对青花瓷的追捧和喜爱。

而对外，郑和下西洋带动了海上丝绸之路的贸易，荷兰东印度公司在中国大量购买瓷器运往欧洲各国，风靡一时。明青花瓷也因一起海盗抢劫、拍卖货物而出现在欧洲，获得了大批粉丝的青睐，长久不衰。

抢劫来的克拉克瓷

1602年，正是明万历皇帝统治管理国家的第三十年。来自意大利的传教士利玛窦献给了万历皇帝欧洲人在大航海时代绘制的世界地图——《万国图志》。万历皇帝非常喜欢，准许利玛窦可以居住在北京，并且特批利玛窦作为欧洲使节可出入紫禁城，还为其发放俸禄，直到临终。

在明朝，中国的海禁政策几关几开，自洪武年间开始，为了防止东南海岸线一带军阀余部与海盗骚扰，朝廷全面实行海禁，但是这个海禁到了永乐时期被废除，造就了中国当时领先世界的造船术，和郑和下西洋的伟大壮举。明嘉靖年间，朝廷恢复海禁，到了万历皇帝的父亲隆庆帝时下令全面开放海上贸易。万历年间，虽然当时海盗侵扰不断，万历皇帝也没有禁止出口，更没有关闭过海关。利玛窦贡献给万历的这版《万国图志》地图后来流传至日本。日本人视若珍宝，并进行了彩色摹绘。

也就是在这一年的某天，天色阴沉的马六甲海峡，海水发出震耳欲聋的咆哮声，一艘满载着中国货物的葡萄牙商船处于高度戒备的状态，因为在马六甲这个世界上最繁忙的海域，海盗猖獗，一旦货物被海盗劫走，财务损失不说，全船人连命都保不住。但是，即便防范得百密无一疏，灾难依然发生了，这艘叫作"Caracca号"的葡萄牙商船被海盗劫走，商船里满载的中国货物便是青花瓷。

海盗们非常聪明，把海盗船上的骷髅旗进行了伪装，换成了东印度公司的旗帜。然后这艘打着东印度公司旗号的船把抢劫来的瓷器送到了荷兰阿姆斯特丹拍卖。只是，海盗们并不知道这些蓝白色的瓷器来自哪里，也不清楚这些瓷器价值，就以被劫商船的名字来命名，称它们为"克拉克瓷"，这是欧洲第一次出现克拉克瓷器。而这批被劫后拍卖的瓷器其实就是中国明朝生产的青花瓷。据说拍卖之后，当时海盗所获得的财富可以在阿姆斯特丹买400幢别墅。

克拉克瓷引来的欧洲青花潮

1602年被海盗所截获的这批克拉克青花瓷，被瑞典女王大批购买，乃至于为了青花瓷特别修了座中国宫。而普鲁士大公用60个特种兵交换了120件青花瓶，再后来欧洲人又到中国采购瓷器。在相当长的一段时间里，瓷器、茶叶和丝绸是欧洲乃至世界上最具有诱惑力的商品。

东印度公司在1600年成立，成立的两年之后就发现了这种瓷器的商机，所以进口克拉克瓷器成为东印度公司的一项主要进口生意。据史料记载，仅东印度公司在17世纪的80年间就从中国运出1600万件，可见当时欧洲对中国瓷器的需求量是多么庞大。

但是克拉克瓷并不是所有中国青花瓷器的统称，它有着明显而强烈的

✕ 明朝（1368～1644年）克拉克牡丹花釉里红大盘

风格。首先是"开窗"，就是瓷器圈口一圈被分隔成一个个独立的区域，就像打开一扇扇窗户一样，所以叫作开窗或开光。这种装饰风格后来也影响了国内的很多瓷器，清朝有很多瓷器也用了这种装饰风格。但是这种开窗成本比较高，轮车拉坯做不出来，要印坯或者刻坯成形。其次，克拉克瓷器都比较大，比国内用的碗盘都大；最后是克拉克瓷器上的青花图案都非常满，尽量不留白，和中国画讲究的留白有着天壤之别。早期克拉克瓷主要有两种，一种是大号深碗，欧洲人常放在餐厅里当果盘。另一种是大号浅盘。这样的造型方便欧洲人把盘子一个个立起来摆放好，这种设计一直保持到现在。

事实上，克拉克瓷并不是由海盗第一次带到欧洲售卖，在16世纪之前，这类瓷器就已经由葡萄牙商人带到葡萄牙和西班牙。当时，葡萄牙和西班牙两个国家的君主都拥有这类产自中国的瓷器，他们还在皇宫里开辟有专门的展室。

在中国境内生产克拉克瓷器，是从明隆庆年间开海禁开始的。洪武初年，朱元璋下令"片板不得入海"，实行全面海禁政策，海外贸易受到严重的限制。1567年，隆庆皇帝宣布对外开放，废除海禁，允许海外贸易与通商，也允许民间的私人海外贸易。从隆庆开关直到崇祯十七年（1644年）明朝灭亡，这70多年的时间里，全世界生产的白银总量的三分之一都流入到中国，共计约3.53亿两（另有估计约为5亿两），全球三分之二的贸易都与中国有关。

因瓷器外贸潮而生的沿海民窑

不列颠东印度公司的全名是"伦敦商人在东印度贸易的公司"，也被称为约翰公司（John Company），是1600年12月31日英格兰女王伊丽莎白一世授予该公司皇家许可状，给予了它在印度的贸易特权，之后这个公司就垄断了东印度的所有贸易数十年。

明朝万历年间，东印度公司一直都希望能找到一个有实力的地方民窑，手持景德镇瓷器样品和西方人喜爱的图样四处寻找供货方。而也正是这个时候，德镇制瓷业出现了原料危机。童宾事件发生后，景德镇外销瓷减产甚至停歇。于是，东印度公司没有选择景德镇，而选择了福建一带沿海的民窑开始大量制作克拉克瓷器，漳州平和南胜、五寨等地的民窑就是在这种背景下应运而生。这些民窑没有政府管制，对于外销瓷器就比较好操作，而且窑口距离海港码头都非常近，节约了长途运输的费用和时间。

1621 ~ 1632年，东印度公司在漳州收购过三次瓷器，每次瓷器交易量都达上万件。同一时期，日本人也从漳州购买瓷器，所以这一带民窑的力量和势力也就越来越壮大了。

虽然沿海地带的民窑距景德镇一千多公里，胎釉有些区别，但是克拉克瓷器上的刻画技法还是和景德镇窑的产品有着很多类似的地方，所以也有人误传，说这是景德镇制造的瓷器。

这种兴盛的制瓷场在明末清初就结束了。为了收复台湾，清康熙年间实行很长时间的"海禁"，昔日繁华的港口开始废弃或者改为其他的用途，外销的瓷器也没有办法再运输出去，外来的人也没有办法带出去，所以"克拉克瓷"随着时代的变迁也在海内外销声匿迹，只留下一些历史的文物可以寻摸到它昔日的踪迹。

沉没于1600年的菲律宾"圣迭戈号"、1613年葬身于非洲西部圣赫勒拿岛海域的"白狮号"、埃及的福斯塔遗址以及日本的关西地区等地方都发现过大量的"克拉克瓷"。广东汕头市南澳县海域的明代古沉船"南澳1号"也打捞出大量的青花瓷器。考古界根据其工艺、风格、纹饰特点，曾经推测它是明清景德镇或武昌所产的青花瓷，而日本出土的青花"克拉克瓷"被考古学家考证出源头应该是在漳州窑。

20世纪80年代中期，阿姆斯特丹曾举行过题为"晚到了400年的中国瓷器来了"的大型拍卖会，拍卖品均是从16世纪至17世纪沉船中打捞出来的中国瓷器，其中就有被称为"克拉克瓷"的青花瓷器。

PART 09

民窑时代的到来

　　明朝末年，虽然官窑没落，但景德镇的民窑开始兴起。景德镇民窑往往以家庭作坊形式存在，在一个家庭里，男人做坯、烧窑，女人描绘、雕刻，分工明确。

　　中国著名的文学名著《醒世恒言》中有一段描述："话说江西饶州府浮梁县，有景德镇，是个马头去处。镇上百姓，都以烧造瓷器为业。""就中单表一人，叫邱乙大，是窑户家一个做手。浑家杨氏，善能描画。乙大做就瓷坯，就是浑家描画花草人物，两口俱不吃空。住在一个冷巷里，尽可度日有余。"这里所写的浮梁县就是景德镇，所描绘的便是发生在此的制瓷情景。

生活化纹饰的出现

　　明天启年间景德镇的民窑瓷器，最常见的就是仕官人物花鸟罐、高士碗、魁星点斗碗以及众多品类的花鸟碗碟，以及画着小螃蟹、小青蛙、小兔子、秋虫、游虾等的小件日用瓷，这些日用瓷与当时人们的生活息息相关。因为当时版画非常流行，因而这种画风与内容也深受版画的影响，乍一看又特别像八大山人的风格。

虽然历史记录少，流传于世的珍品也不多，但事实上在天启与崇祯时期，景德镇民窑青花瓷器的产量很大。景德镇民窑的工匠们还创新出一种线描青花的技术，就是以粗线条一笔画成，线内不再填色，显得别具一格。此外，销往日本的一些卷草纹和海水纹，都是用针刻画后，再上釉烧造，这些都是明末瓷器的创新手法。

日本定制的"古染付"瓷

天启（1621～1627年）与崇祯（1628～1644年）时期的钴料使用产自于衢县（今浙江省衢州市）以及信州（今江西省上饶市）等地的青料，这类青料被称为浙料、石子青。民窑生产的青花瓷大多不是为了内销，而是来自日本的订单。崇祯年间曾经有一本非常著名的书籍《天工开物》，称得上是"工艺百科全书"，其中对景德镇制瓷工艺的介绍占了相当篇幅。

当时的日本正处于江户时代初期，德川家康统一了日本。日本最著名的茶道大师小堀远洲在日本大力弘扬茶道文化以及佛教，日本从景德镇订制了很多不同种类的瓷器，这就是后来日本陶瓷学界称为"古染付"（原意为"古青花"）的天启民窑青花瓷；而日本陶瓷学界所称的"祥瑞"瓷器（器身有"五良大夫吴祥瑞造"款），就是指明末崇祯年间景德镇民窑烧制的青花瓷。

✕ 日本各式各样的瓷器均受到青花瓷的影响

　　日本文学巨著《源氏物语》里所提到的四方香炉就是在天启年间日本订制"古染付"瓷器的重要作品之一。这座香炉是四方的，口沿露出瓷胎，可惜的是器盖已经遗失。目前，这座香炉被收藏在日本的两庆书屋里。此外，如果去到东京国立博物馆，也可以看到馆藏的日本国宝级绘画作品《御所车》，也就是贵族出游时所乘的牛车。这幅画里有一个双系盘的图案，日本称为"手钵"，这个手钵也是"茶器古染付"，是明朝末年中国销往日本的器物之一。

　　这个时候景德镇民窑的瓷业生产分工越来越细。《天工开物》中谓"一杯工力，过手七十二，方可成器"。制瓷手工业的细化，使技术更新周期缩短，产量和质量提高更快。一直以为傲居全国的官窑到此时已无法和民窑的瓷器媲美。

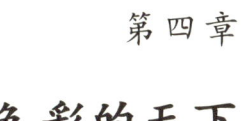

第四章

色彩的天下

　　1644 年，这一年的中国有三个皇帝：崇祯、李自成、顺治。以当时六岁的顺治皇帝迁入紫禁城开始，拉开了 260 多年的大清帝国的历史帷幕。时局的动荡，使得瓷器的生产也变得萧瑟。直到顺治八年（1651 年），景德镇才开始恢复制瓷。但这段略显黑暗的日子很快就结束了，瓷器史上又一个黄金时代到来了。

青花瓷　青白间的中国瓷器史

PART 01
御窑厂的传世之作——十二花神杯

　　清朝时候的青花瓷，比明代的色彩更纯净，更具有风格。不仅如此，因为加入墨彩、蓝彩和五彩，所以这个时期的青花丰富多彩，彩瓷也成为青花的一个衍生品。景德镇依然被设立为御窑。从康熙开始，朝廷设立五品大臣督陶官来监管景德镇御窑生产，从根本上改变了在清朝之前的景德镇虽为御窑，但窑工们的地位十分低下的局面，烧窑和制瓷都开始变得积极起来。在督陶官们的打理下，景德镇出现了十二花神杯、郎窑红、珐琅彩等等经久不衰的传世之作。当然，这所有的开始都要从康熙皇帝说起。

　　清朝到了康熙朝（1662～1722年），开始变得强大富足。康熙是历史上非常著名的皇帝，他本人非常博学，天文数学无一不懂，喜欢的艺术也非常宽泛，同时也是个很包容的人。国力的强盛也反映在青花瓷的烧制上。康熙时候的青花瓷呈现出人们当时的心情和生活的状态，所有画面都展现出生机勃勃的场景，工匠们以娴熟而流畅的笔触，在器物表面画出浓淡深浅，不仅表现出光线的强弱，还有着不同层次的渲染，这就是青花分水的方法。

　　康熙皇帝非常重视陶瓷的生产，为了大力复兴景德镇陶瓷的生产，他派遣过几位当朝大臣来到景德镇监督陶瓷的生产，其中一位叫臧应选，因而，这个时期景德镇生产的瓷器叫臧窑。

五品大臣担任的督陶官

康熙时期管理御窑的方式和明朝完全不同。明朝大多会派遣太监做督陶官来景德镇做监工，专门管理景德镇的御器厂。但太监大多学识有限，对制陶也是知之甚少。大部分太监督陶官贪婪且跋扈，胡乱指挥，克扣窑工工钱，严重影响了景德镇制瓷业的发展，导致明朝末年景德镇制瓷业的凋敝。而康熙则选出一位德才兼备的五品大臣担任督陶官，他深知手工业是除了农业之外的国家经济命脉，不可忽视更不可出现任何问题。此后的二百多年里，有很多五品大臣被派往景德镇，专门负责监督御用瓷器的生产。

督陶官这个职位其实不好干。明朝宣德时期，担任督陶官的太监中饱私囊，私自将烧制出来的宫廷御用品送人，结果被皇帝砍了头。到了清代，康熙皇帝不仅改变了用人制度，也改变了景德镇御窑的生产制度。在元朝、明朝，景德镇制瓷的匠人都是"匠籍制度"，终身不能获得自由，父终子承，这样无法激发工匠的创作能力，且限制了工匠的积极性。于是景德镇御窑工匠反抗匠籍制度，很多优秀的工匠不断想办法摆脱这种匠籍制度，工作的时候也都消极怠工。康熙皇帝下令全部废除"匠籍制度"，改为"雇募制"，这样工匠和窑厂就属于雇佣关系，工匠们可以选择去御窑工作也可以选择去民窑工作。康熙皇帝还改变了当时的税收，降低了窑工们需

╳ 古人制瓷场景图

✕ 清康熙年间（1662～1722年）官窑青花八仙纹笔筒

要缴纳的税收，大大减轻了工匠的负担，可以轻装上阵烧好瓷。

康熙二十二年（1683年），景德镇来了一位名叫臧应选的督陶官。他原是工部虞衡司郎中，专门负责军需制造、制瓷这类的事情。臧应选在景德镇御窑厂督造御器前后一共七年，这个时候景德镇御窑生产的瓷器统称为"臧窑"。此时御窑厂所造的瓷器各种颜色都有，青花瓷反而少见一些，其中鲜红、蛇皮绿、鳝鱼黄、吉翠、黄斑点等瓷器都是上品。由此开始，景德镇的陶瓷业开始迈向巅峰。

十二花神杯

臧应选最杰出的一项工作，就是请来了一位叫刘源的画师。刘源从小就喜欢绘画，曾因临摹唐代画家阎立本名画《凌烟阁功臣像》，让人难辨真假而出名。因为绘画和艺术上的才能，经康熙帝批准，臧应选将刘源带

✕ 清康熙年间（1662～1722 年）十二花神杯

到了景德镇。刘源在景德镇供职期间，烧造了一批超过明代的皇室御用瓷器，并且以此带动了民窑，对景德镇陶瓷发展带来了深远影响。也正因此，有人认为，刘源对景德镇瓷业的贡献应与"臧窑"同闪光辉。

刘源的艺术加上臧应选的审美与才能，终于使臧窑有了传世的瓷器，这就是至今依然被陶瓷收藏者所津津乐道的花神杯，这些专门为了宫廷烧制的生活用瓷——十二花神杯，可以说在陶瓷史上第一次把"诗、书、画、印"在同一器皿上并用，每只杯上绘一种应时的花卉，代指历史上的著名女性，并题上相应的诗句。康熙皇帝十分喜爱这套杯子，他不仅喜欢花神杯瓷器的工艺，更喜欢花卉配唐诗的文化意境，几次南巡都带在身边。

做金箔的巧匠丙楠

传说，康熙帝在观赏景德镇御窑厂进贡的五彩瓷器时，无意中看到博物架上的金器，于是就想用黄金来装饰瓷器。督陶官便找到了当时知名的安徽休宁汪氏金店老板汪师傅。可是，尽管汪师傅打的金叶比纸还薄，但他把金末装饰到瓷器上的技术还是没过关，于是他就请出了自己的师父——南京人炳南。炳南用制作金箔的技术开始尝试制作装饰瓷器的细金。这种细金要经三道工序耗费十天才能研磨出来，艺人在画瓷的时候要先用大蒜汁调细金，经过烧炉，金面为木色，再用玛瑙石摩擦，使金面闪闪发亮，而且永不褪色。

细金装饰瓷器的技术一直流传下来，到了乾隆至道光年间技术和产量都达到巅峰。清末民初，"洋金水"输入我国，彩瓷大部分用金水，以及后来出现各种新的装饰技术，但是都无法和当年的细金相比较。

PART 02
陶瓷界的红宝石——郎窑红

过去的窑工们有句话叫"想要穷，烧郎红"，它的意思就是郎窑红特别珍贵，极少有人能够烧出来，基本是烧十次，九次都不可行。但是，在康熙朝富裕的国力之下，景德镇御窑不惜一切代价，开始全力复烧红釉瓷器，成功创制出了全新的红釉瓷器品种——郎窑红。

家有郎红，吃穿不愁

郎窑红因为极高的工艺价值，成为清朝皇室专用的瓷器。这个时期的红色釉已经相当成熟，颜色鲜红，但是却艳而不俗，这样的稀世珍品也只有在财力雄厚的时候才能烧制出来。后来人们有一句话来形容它的珍贵，叫作"家有郎红，吃穿不愁"。

明初，喜欢红色的朱元璋也倾向烧制红色釉，但是当时的红色釉总有差强人意的地方，颜色发灰发白。明朝后期能够烧出红色釉还得益于当年郑和下西洋带回来的染料，他不仅带回苏麻离青，同时也带回鲜红土，这

✕　清（1644～1911年）郎窑红釉钵

样才使得景德镇的红釉得以发扬光大，烧制成犹如宝石一般颜色的红色釉。

康熙皇帝也喜欢红釉瓷器，但鲜红土也多年未曾从海外进口。那么，景德镇是如何恢复红釉瓷器的烧制呢？这和在江西担任巡抚的郎廷极有着极大的关系。

文人才子郎廷极

郎廷极在康熙四十四年（1705年）到五十一年（1712年）这七年中在景德镇主持御窑场的工作。郎廷极出身名门望族，家中世代为官。

✕ 清（1644～1911年）郎窑仿均瓷

他这一代，家中就有四人在朝为官。他本人不仅文采了得，且在艺术上也有很高的造诣，能诗能画，收藏鉴赏样样通。郎廷极也特别喜欢交朋友，与当时的古玩鉴赏家、收藏家都是好友。康熙皇帝非常赏识郎廷极的能力和学识，所以康熙帝的六次南巡，郎廷极接驾四次，其中两次康熙皇帝都赐了墨宝给他，这在当时可以说是皇恩浩荡了。康熙在1703年的第四次南巡时，给郎廷极写了"纯一堂"的名字，所以郎廷极后来就把自己的印章，以及所有自己家里的名字，乃至后来定制的瓷器都改成了"纯一堂"。他在景德镇做督窑官的这七年，所生产的瓷器，历史上统称为"郎窑"瓷器。

高温铜红釉非常难烧，它的着色剂是铜，必须要在1300摄氏度以上的高温之下才能烧制出来，而铜是一种特别活跃的元素，在不同窑温下，呈色也不同。从明代中后期开始，红釉瓷器烧造就衰落了，后来经过长年战乱几乎失传，所以此时景德镇的窑工们要恢复红釉瓷，所面临的挑战可想而知。据说当时是烧一百次窑都不会烧成一件成品。但是郎廷极投入了大量的人力和财力尝试烧制红釉瓷，终于获得成功。

传世杰作郎窑红

郎窑红是模仿明宣德时期宝石红釉的特征烧制的，釉色非常凝厚，玻璃的质感很强，一件好的郎窑红会呈现出鲜艳的红色来。不过，郎窑红的器口部大都是白色，与明宣德时红釉瓷器的灯草口特征非常相似，器皿的底部有白色、米黄色者称为米汤底，浅绿色的就被称为苹果绿，都开有纹片。清代官窑器皿都会留下款识，但郎窑红有款识的非常少，这也是郎窑的一大特色。

郎窑红被人们所吹捧，除了皇帝的厚爱，与郎廷极的朋友们也有很大关系。他有一位非常知名的朋友——刘廷玑。刘廷玑在《在园杂志》一书中记载："近复郎窑为贵，紫垣中丞公开府西江时所造也。仿古暗合，与真无二，比摹成宣，釉水颜色，桔皮棕眼，款字酷肖，极难辨认。"紫垣是郎廷极的别号。

✕ 红釉太白尊

  郎窑红和明宣德年间的宝石红的相似程度，就连历史上最大的收藏家乾隆皇帝也犯过错误，他曾将宫中收藏的一件郎窑红穿带瓶看成了宣德宝石红，还为这个瓶子写了一首诗，命令人将诗刻在瓶底上："世上朱砂非所拟，西方宝石致难同。"也许是乾隆皇帝的推波助澜，晚清时，郎窑红成了千金难求的顶级收藏品，这种情形一直持续到现在。

  可惜的是，即便郎窑红再出名，郎廷极这位二品大员在正史当中也没有留下什么痕迹，包括《景德镇陶錄》《陶说》《南窑笔记》等都没有他本人的名字。好在郎廷极的朋友们对他的记录却是非常多，这也是后人没有遗忘他的原因之一吧。

PART 03
年希尧的珐琅彩和胭脂水

    清朝能够以姓氏命名官窑瓷器的督陶官，都是在中国陶瓷史上起到过重要作用的，比如雍正时期的督陶官年希尧，就是其中的一位。年希尧在官场上并没有什么追求，但对于艺术、医药甚至是绘画极其精通，而且也非常喜欢钻研，他先后担任过工部侍郎、内务府总管等职。提起年希尧，很多人并不很熟悉，却熟知他的弟弟年羹尧。年羹尧是康熙朝的四川总督。雍正三年（1725年），年羹尧被雍正帝列九十二条大罪削官夺爵，雍正四年（1726年）被赐自尽。好在年希尧只是被雍正罢了官职，次年就被调到景德镇的御窑担任督陶官一职。没想到，在这个岗位上，年希尧却是把自己的天赋和才学发挥得淋漓尽致。

    据说，年希尧在北京当差的时候，心思经常不在朝堂上，退了朝就会去找太医院的医生探讨医学理论，自己还写了一本《本草类方》以及共有6卷的《集验良方》，这些药方对于今天的中医都影响至深。此外，他的数学非常好，可谓是雍正时期的一位科学家，他与朋友亲手制作小浑天仪（中国古代发明用来测量天体球面坐标，演绎天象的仪表，由西汉时期的落下闳发明，东汉时期的科学家张衡改进。我国现存最早的浑天仪制造于明朝，陈列在南京紫金山天文台），还出版了一本名为《视学》的书籍，

✕ 珐琅彩双联瓶

讲述数学应用和美术透视，是世界上第一本讲几何美术学的书，比法国数学家蒙日于1799年出版的名著《画法几何学》早70年。这本书源于年希尧和当时的宫廷画师——意大利人郎世宁交好，和他多次讨论西方透视画法的技巧。它的残本至今都被英国皇家学院所收藏，所以可以说当时年希尧这个督陶官可算是用对了地方。

年希尧所在时期景德镇御窑烧制出来的作品统一叫年窑。在蓝浦所撰写的《景德镇陶录》中对年窑有着极高的评价："雍正年年窑，厂器也，督理淮安板闸关，年希尧管镇厂窑务，选料奉造，极其精雅。"年希尧在景德镇最杰出的制造是什么呢？这便是今天依然还非常流行的制瓷技术——珐琅彩。在《清档》中对珐琅彩的诞生有着详细的记载："雍正六年七月十二日，造办处收贮的料内，月白色、松花色有多少数目？尔等查明回我知道，给年希尧烧瓷用。遵此。"

年希尧从雍正五年（1727年）开始在景德镇工作，当时他所面对的最大问题是珐琅彩的原材料要从国外进口，国内没有生产，所以成本非常高。经过反复试验，年希尧不但找到制取珐琅原材料的方法，还在原珐琅彩的基础上新增了十几种颜色，彻底解决了珐琅彩原料的进口问题。

年希尧在美术上的造诣对于制造陶瓷非常有帮助，他精心研制的"胭脂水"系列瓷器，色彩逼真，造型生动活泼。现在北京首都博物馆里收藏的雍正胭脂水釉小碗瓷器，依然和当初一样，色彩鲜艳度丝毫不减。

年希尧从政没有什么建树，但是对于制作陶瓷却是非常在行，复兴了很多废弃不用的传统工艺，制作了很多仿古瓷器，仿制了宋五大名窑、龙泉窑，明代永乐、宣德时期颜色釉瓷器等。

PART 04
清初海禁成就的伊万里瓷器

康熙皇帝给景德镇带来的不仅仅是生机勃勃的景象，自康熙晚年起，景德镇还承接了很多带有日本风格的外销瓷器"伊万里瓷器"。这个风格的瓷器渊源还要从台湾说起。

海禁政策带来的外贸灾难

明朝天启四年，即1624年，荷兰人入侵中国台湾。1661年，明朝的延平郡王郑成功横渡台湾海峡收复台湾。明朝灭亡后，郑成功一直坚持反清复明。清朝廷和郑成功以及他的儿子郑经先后谈判了十二次，但是都以失败告终。

为了解决台湾问题，康熙皇帝对台湾一带实行非常严厉的迁界和海禁，要求福建沿海三十里内不得有人居住，凡是在这个范围内居住的居民全部迁往内陆，凡是有越界者一律处死。这个范围后来被扩大到浙江一带，海禁的范围也宽展到二三百里。康熙发布这样的海禁是为了困住台湾

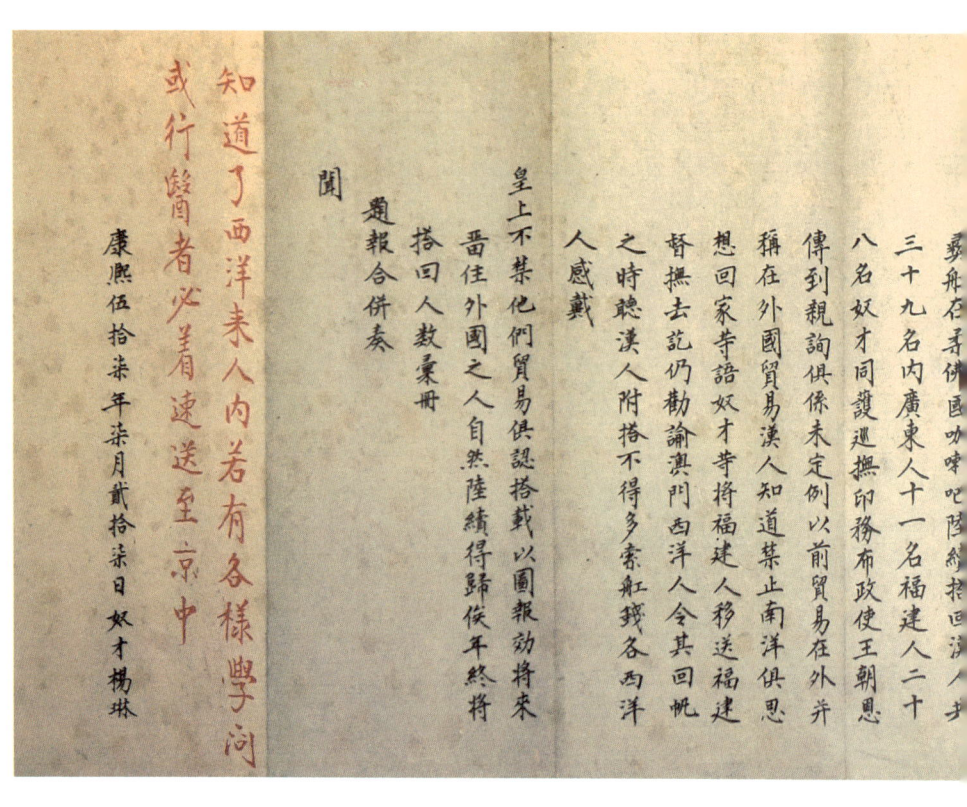

知道了西洋来人内若有各样学问或行医者必着速送至京中

康熙伍拾柒年柒月贰拾柒日 奴才杨琳

聞

皇上不禁他们贸易俱認搭載以圖報劾将来

晋住外國之人自然陸續得歸候年終将

搭回人数彙冊

題報合併奏

人感戴

之時聽漢人附搭不得多索虹殘各為洋

督撫去范仍勤諭奠門西洋人令其回帆

想回家寺語奴才寺将福建人移送福建

稱在外國貿易漢人知道禁止南洋俱思

傳到親詢俱係未定例以前貿易在外井

八名奴才同護迎撫印務布政使王朝恩

三十九名内廣東人十一名福建人二十

… 清康熙帝（1654～1722 年）关于西方人来中国的批奏

岛上的郑经，但是严格的海禁也使中国的海上贸易遭到了致命的打击。此时欧洲的克拉克瓷需求庞大，东印度公司失去了中国这条生产线，只能重新寻找新的合作伙伴，这个时候日本瓷器就进入到了东印度公司的视线。

丰臣秀吉发动的"陶瓷战争"

日本本来没有陶瓷技术，却能后来者居上，成为一个制作优秀陶瓷的

奏

　　兩廣總督奴才楊琳爲奏

聞續到洋舡事本年五六月内到有西洋兵頭
來澳門換班舡二隻嘆咭黎舡一隻奴才
已具摺奏

聞在案今七月内又到有嘆咭黎舡二隻裝載
哆囉絨嗶吱黑鉛銀錢等物又到咈嘲㗂
舡一隻裝載胡椒白藤乳香寺粗貨據紅
毛舡上人向廣州住堂之西洋人李若瑟
說五十五年帶去與西洋教化王紅宇票
已於五十六年十月内到大西洋教化王
見了紅票已差人前往都令府去傳艾若
瑟聞得侯艾若瑟一到羅瑪府教化王處
就要差西洋大人同艾若瑟來中國復
命請

国家，其源头完全来自丰臣秀吉对朝鲜发起的一场"陶瓷战争"。通过这次战争，丰臣秀吉将俘获的朝鲜陶瓷工当成为战利品带回日本。古代朝鲜的陶瓷受到中国制瓷的影响，烧制的瓷器也非常出色，特别是青瓷、白瓷工艺，远在日本之上。

　　丰臣秀吉的军队从朝鲜带回来的陶瓷工里有一位制陶大师，叫李参平。李参平是朝鲜忠清南道的著名陶工。1598年，侵朝的佐贺藩藩主锅岛直茂将李参平作为朝鲜的"宝物"掳到日本。1616年，李参平在九州西北的有田泉山发现了瓷土，于是在上白川天狗谷开陶窑，成功烧制出青花瓷和白瓷，因而被日本人尊为"陶祖"。除了李参平的开窑，丰田秀吉的军队还将从朝鲜半岛掳来的陶工分散到以九州为中心的各地进行陶器烧制。

最终被青花瓷取代的伊万里瓷

当欧洲人在东方寻找新的合作伙伴时，日本陶瓷就成为第一个候选对象。日本陶瓷像一个崭新的替代品出现在欧洲的市场上，欧洲人把这种带着日本风格的瓷器叫作伊万里。伊万里是日本九州靠有田泉山最近的一个海岸港口，人们为了方便，就用港口的名字来命名陶瓷。但是丰臣秀吉没能成为享受陶瓷出口利益的人，在他之后的霸主德川家康所建立的江户时期才成为日本陶瓷的重要出口时期。

1684年，清朝收复台湾，海禁结束，欧洲人又回到中国订购瓷器，而伊万里风格也成为这众多订单中的一类。对于景德镇当时的工匠而言，仿制伊万里瓷器是小事一桩。而且景德镇生产出来的伊万里瓷器比日本制造的价格低、质量好，因而备受欢迎。不过，景德镇人并不太欣赏伊万里瓷器的风格，渐渐的，就将中国青花的风格融入伊万里瓷器中。不久之后，伊万里就被中国青花所替代了。

PART 05
唐英与窑变釉

唐英，是景德镇制瓷历史上一位不能不提的历史人物，他先后在景德镇监督窑务28年。在他当差管理的时期，景德镇出产的陶瓷被称作"唐窑"。

唐英本来是清朝廷内务府的员外郎，在养心殿当差，是雍正的近侍官之一，在雍正六年（1728年）时被派到江西景德镇，后来被派去管理广东的海关。到了乾隆初年的时候，又被调回到九江关监督窑务，并且在此位置上退休，可谓是一位将毕生心血都奉献给制瓷事业的督陶官。

从雍正六年开始，唐英协助年希尧督理御窑厂窑务。刚开始的时候，唐英对制瓷一窍不通，所以来到景德镇的头三年，他和窑工们同吃同住，也挽起袖口裤腿，淘泥、揉泥、拉坯、捧坯，再凭借他本人对诗、书、画方面的造诣，由一个外行变成一个内行，甚至自己都能做出品质非常好的瓷器。不仅如此，唐英谦虚的为人也得到了景德镇制陶人的尊敬，无论男女老少都把他当成自己人一样看待。

唐英从来不认为自己是朝廷官员，而时常称自己是"半野半官"。他喜欢以陶人自居，在"陶人的天地里"，日夜竭力求索的是"陶人之本色"。在景德镇期间，唐英为御窑厂营造出宽松的环境，尽力保证制陶

✕ 唐英秉承乾隆旨意烧制的白釉观音

人的生活和生产条件。和雍正皇帝相比，乾隆皇帝对陶瓷生产的管理更为严格，瓷器质量稍有差池，唐英和工匠就会受罚。但每次遇到皇帝的责备，他都会自己掏腰包承担次品耗费的费用，朝廷的罚银也自己承担。唐英说："陶人有陶人之天地，有陶人之岁序，有陶人之悲欢离合。"

唐英还组织人重新修复了破烂不堪的风火仙祠，塑造了精神矍铄的童宾像，重新编写了《火神童公传》一文，并且嘱咐手下将文广为散发，让风火神崇拜慢慢深入人心。童宾成为景德镇世代供奉的风火神，同时也给这些制陶人一种精神上的支持和鼓励。

唐英在景德镇督陶的前八年是雍正在位时期，这一时期，除雍正粉彩外，景德镇的斗彩工艺也比康熙年间更具清俊华丽之美。此外，景德镇官窑在唐英的主持下，成功研制出了窑变釉，使原来色调单一的单色釉变产生了流光溢彩、绚丽斑斓的色彩效果。

烧出龙缸是唐英另一件平生得意之事。龙缸是帝王专用之物，早在明朝初年，景德镇就设有专门的龙缸窑。龙缸形制巨大，周身饰龙纹，在当时被认为是皇权的象征。因烧制工艺复杂，到明万历（1573～1619年）后期，几近失传。为了烧造龙缸，唐英不仅在御窑厂与工匠们一起探讨研制，而且一有闲暇，便到民间寻访老工匠，了解烧制龙缸的情况及工艺。他还查阅地方典籍，找寻与烧制龙缸有关的资料。皇天不负苦心人，失传已久的龙缸烧制工艺最终在他的手中得以重新恢复。"自国初烧造龙缸未成，至唐窑始复其制。"

唐英督陶真正的辉煌是在乾隆朝督陶的20年间，总共为乾隆皇帝烧造瓷器达五六十万件之多。现藏于北京故宫博物院的一件被称为"瓷母"的多色釉大瓶，就是唐英为了迎合乾隆皇帝的"风雅"而特意烧造的。

乾隆皇帝是一位非常喜欢陶瓷的皇帝，不仅对宫内瓷器的用途、形状、纹样等屡屡过问，还亲自审定画样，甚至对于瓷器的烧制过程也极感兴趣。唐英奉乾隆皇帝旨意编纂了《陶冶图》，书中图文并茂，详尽地展示了制瓷的全部工序，被后世誉为"集厂窑之大成"，是中国陶瓷史上一部不朽的著作。乾隆时期的瓷器烧造，达到了又一个工艺上的高峰。唐英在《陶成记事碑记》上记载了在其督陶期间，共仿古、创新57种。尽管有了些卓然的成就，唐英也尽心尽力为朝廷工作，但还是不能完全满足皇上的要求。

在乾隆十三年（1748年），专门记载清朝朝廷事务的《记事档》有这么一个记载："十一月二十八日，太监胡世杰传旨与怡亲王德保：此次唐英呈进瓷器仍系旧样，为何不照所发新样烧造进呈？将这次呈进瓷器钱粮不准报销，着伊赔补。"这样的斥责，包括处罚，让唐英压力山大。75岁那年，唐英向乾隆提出了辞呈，并且婉拒了乾隆要儿子接班的旨意，说儿子"究系少年，诸事阅历未久"。不久，在御窑厂生活工作了28年的唐英卸任离职。

PART 06
皇帝们钟爱的珐琅彩

清朝的康熙、雍正和乾隆三位皇帝都对制瓷业倾注了很多心血，不仅下旨改善窑工的工作环境和待遇，任命督陶官，关心生产过程，甚至还亲自创意。珐琅彩就是在康熙皇帝的直接授意下创造出来的陶瓷新品。

康熙皇帝授意研发珐琅彩

西洋珐琅最开始是从广州传入中国的，是法国传教士进献的贡品，当时又被称为"佛郎""法蓝"，是"拂菻"（中国隋唐时期对东罗马帝国的称谓）的音译过来的。珐琅本身是一项工艺，是将经过粉碎研磨的珐琅釉料，涂在经过金属加工工艺制作后的器皿表面，经干燥、烧成等制作步骤后，所得到的复合性工艺品，依据具体加工工艺的不同，又可分为掐丝珐琅器、錾胎珐琅器、画珐琅器和透明珐琅器等品种。

珐琅彩一呈上，康熙就非常喜欢，命令内务府造办处研究和制造。但是最初西洋的珐琅都是在金、银或铜上面制作的，康熙皇帝因为钟爱瓷

✕ 珐琅彩

器，就要求把这两种工艺结合在一起，在瓷器上面做珐琅。为了全力烧造
珐琅彩瓷器，康熙皇帝在造办处专门设立了珐琅彩瓷器的制作作坊。素胎
由景德镇烧好后运至京城，必须经皇帝御览和钦准，再由造办处画师遵照
御旨画彩，经炉火低温烘烤而成。为了让上乘珐琅彩器物像西洋作品般
五彩缤纷，康熙征集了一批外国的耶稣会传教士，如康熙三十五年（1696
年）受命督办清宫玻璃厂的便是德国人纪瑞安（Kilian Stumpf）。为了方便
康熙随时亲临作坊巡视督察，烧制珐琅彩的小窑就建在养心殿旁，同时还
在武英殿设立了作坊。

　　康熙五十五年（1716年）九月二十八，广东巡抚杨琳在给康熙皇帝的
奏折上写道："广东人潘淳能烧法蓝物件，奴才业经具摺奏明，今又查有

※ 清康熙年间（1662～1722 年）珐琅彩鎏金龙头马蹬

能烧法蓝杨士奇一名，验其技艺，较之潘淳次等，亦可相帮潘淳制造。奴才并捐给安家盘费，于九月二十六日……法蓝匠二名、徒弟二名，俱随乌林大、李秉忠起程赴京讫。再，奴才觅有法蓝表、金刚石戒指、法蓝铜片画、仪器、洋法蓝料、并潘淳所制法桃红颜色的金子搀红铜料等件，交李秉忠代进。尚有已打成底子未画、未烧金钮杯，亦交李秉忠收录，预备到日便于试验。"

广州是当时唯一对外开放的口岸，珐琅进口也是从广州进来的，当时的广州也出了很多可以制作珐琅的匠人。因为要在皇宫内制作珐琅彩，内务府就从广州召了很多南方匠人进宫，被称为"南匠"。潘淳便是当时知名的民间珐琅匠人。

康熙五十九年（1720年）二月初二，康熙给当时的江宁织造曹頫的奏折上作了批改："近来你家差事甚多，如珐琅瓷器之类先还有旨意件数，到京之后，送至御前览完才烧。今不知骗了多少瓷器，朕总不知……"当时曹家三代都是江宁织造，负责内务府所有的绸缎和瓷器的制造。由此可见，康熙皇帝对珐琅彩烧制的关注。康熙二十年（1681年），臧应选被派到景德镇任景德镇督陶官后，清朝廷开始在景德镇烧制珐琅彩，从而使珐琅彩在后来成为景德镇的四大知名瓷器之一。

除了景德镇，广州也成为珐琅彩制造地之一。广州生产的珐琅俗称"广珐琅"，也是朝廷的贡品，画珐琅、錾胎珐琅和透明珐琅器的制作都以广州出产的最为著名。当时负责珐琅彩绘画的西洋画师郎世宁也凭着中西相融的绘画技能，成为一位经常出入养心殿的三品大臣。

雍正朝宫廷风珐琅彩诞生

　　1723年，雍正皇帝继位，他对于瓷器烧制的关注，和他的父亲康熙皇帝比起来，只能说是有过之而无不及。雍正皇帝先大刀阔斧改变了制造的形式，成立了一个以各大亲王为主要成员的养心殿造办处管理班子，总管是他的亲兄弟怡亲王。历史上的和硕怡亲王不仅是一位铁面无私秉公执法的亲王，也是一位非常具有文学和艺术修养的人，皇宫里凡是经他手收藏的藏品都不同凡响，由他督导制作的陶瓷物件也非常精美。但是即使这样，雍正皇帝对珐琅彩的器形、花样、材料都多有批复，并且要求在皇宫内烧制。

╳　故宫博物院珍宝馆内收藏的金胎珐琅彩

雍正初年，珐琅彩最大的问题就是色彩单一。造办处于是潜心研究彩料提炼法，年希尧负责原料的督办，成功地提炼出18种颜色，只是鲜红的颜色还没有达到所期望的效果。雍正五年（1727年），朝廷颁发了"内廷恭造式样"，造办处开始有了专属宫廷的风格样式，同时雍正皇帝也亲自指定唐岱、戴恒、贺金昆、汤振基和郎世宁这几位宫廷画家专门为珐琅器绘画和制作稿样。这些决策使得雍正时期制造的珐琅彩精美秀气，也成为当时的国礼，被馈赠予其他国家。雍正六年（1728年），一直依靠进口材料的珐琅彩得到了最终突破，造办处提炼的彩料达到二十多种，红色、黄色等浓郁的色彩都得到解决。在今天，珐琅工艺成就了非物质文化遗产的景泰蓝。

　　在乾隆皇帝的寝室里，有很多珐琅彩制作的器皿，这位潇洒不羁的皇帝不仅在世的时候追认很多明朝的大臣为英雄，对民间工业和手艺人也采取开放的政策，鼓励匠人们研技创思，巧工奇制，所以到了乾隆年间，珐琅彩瓷制作出来的精品层出不穷，但是乾隆却没有改变珐琅彩的使用范围：仅限宫廷使用。

✕ 清雍正年间（1723～1735年）画珐琅黄地勾莲双连盒

PART 07

针尖绘出来的粉彩

清康熙年间，粉彩就已经开始在皇宫内烧制，后人把粉彩也称为软彩，是在陶瓷最初的上色基础上，用国画技法绘画，采取低温釉上彩的方法，和中国画中的没骨画法有些相似。因为技术要求非常高，所以清朝廷最初一直没有投入很多人力物力去开发，生产的数量也有限。到了乾隆这一代，因为意大利画师郎世宁的介入，使得粉彩开始有了真正的进步。

宫廷画师郎世宁

郎世宁是清宫画师中的一位传奇人物。清康熙五十四年（1715年），他作为天主教耶稣会的修道士来中国传教，随后进入皇宫的如意馆，成为清代宫廷十大画家之一。郎世宁在中国生活了五十多年，将西方绘画中对透视、明暗、焦点、结构的技巧带到了中国，又融合了中国绘画的笔墨趣味，既有坚实的写实功力，流畅地道的墨线，一丝不苟的层层晕染，还有无法效仿的颜色运用，中西合璧，极具特色。除此之外，他还参与过圆明园西洋楼的设计。乾隆登基之前就和郎世宁熟悉，登基之后也经常去画室看郎世宁作画。乾隆时期的粉彩，有很多都是由郎世宁亲自绘画制成，其色彩到今天看来依然鲜艳夺目。

绣花针刺出来的花纹

乾隆对粉彩的要求非常严格：必须有御旨才能烧制；制作前要先呈送画样或木样，待自己亲自审核后才能送景德镇御窑厂烧制。也就是说，粉彩的造型、纹饰、款识以及配合纹饰的诗句等，都必须经过乾隆皇帝的审核和批准。

在"粉彩"烧制成功之前，中国瓷器工匠们烧制的瓷器都是单线平涂，图案没有立体感，但是工匠们发现，当掺入一种叫作"玻璃白"的白色粉料后，彩瓷的画貌就开始变得非常生动细腻，形象逼真。制作的时候，在烧好的素瓷上先用玻璃白打底。这种玻璃白可以和其他材料混合，使其他的材料粉化，一个颜色就可以产生不同的色阶，就好像是在一种基础色彩上加入不同程度的白色，混合成粉红、粉黄、粉蓝等。但是玻璃白并不是一种颜色，而是一种不透明的白色乳浊剂，属于一种氧化铅、硅、砷的化合物。粉彩瓷完全是靠工匠与画师们的经验，把玻璃白与色彩进行调和，然后烧制出想要达到的效果。

因为玻璃白的使用，粉彩让中国画的传统技法呈现出西方绘画的效果，层次和色彩上都比以前丰富了许多。但玻璃白的使用也只是粉彩所具有的色彩特色，粉色最令人惊叹的是它颠覆性的工艺——扒花。扒花是在

✕ 珊瑚红地粉彩莲托凤宝磬纹长方带托花盆

瓷器坯胎烧成之后，先用红黄绿作好底色，这种底色叫作"锦地"，然后在"锦地"上用一种绣花针大小的工具刻印出特别细小的纹样，这种工艺叫作轧道，后来人们又把粉彩叫作"粉彩轧道瓷"，指的就是这两种工艺的结合。轧道也是在乾隆时期创新的一门手艺，最初的本意是想模仿珐琅彩的制作效果，但又不使用珐琅彩的制作工艺，所以经过无数次的实验才发明出在瓷器色地上"绣花"。轧道的纹样大多是凤尾纹，然后在花纹上面再继续进行彩绘。清宫内务府的典籍里把粉彩轧道称为"锦上添花"，这个词形象地表现了其工艺所起到的作用与杰出效果。

粉花非常考验技术，没有底稿，从落针到收针需要一气呵成，花纹的大小要均匀一致，不能有一点点的偏差，全靠工匠凭着积累多年的经验完成。因为这种繁重的制作工艺，再加上乾隆的御批审核，粉彩的产量非常少，只有皇宫内才能使用粉彩扒花瓷器。

PART 08
慈禧的天地一家春

清末光绪年间（1875～1908年），粉彩衍生出一个系列的新产品，现今也被收藏在故宫博物院里，这批瓷器叫作大雅斋，同时还有"天地一家春"的椭圆形篆字章。这个大雅斋的主人就是统治中国长达47年之久的慈禧。

燕喜堂与大雅斋

大雅斋在哪里呢？事实上，"大雅斋"是咸丰皇帝曾经写过的匾额，共有两块，分别挂在紫禁城的"平安室"和圆明园的"天地一家春"殿内。慈禧当年随咸丰皇帝在圆明园居住时，就住天地一家春殿。平安室也就是养心殿西耳房殿——燕喜堂，慈禧还是懿嫔的时候，曾在平安室随侍。光绪年间，慈禧垂帘听政，以皇太后身份居燕喜堂。据说慈禧是为了纪念她和咸丰皇帝之间的爱情才用大雅斋作为瓷器的名字。可以说，慈禧是这批瓷器的总设计师，而"大雅斋"也称得上清末瓷器的一个亮点。

✕ 清光绪年间（1875～1908年）"大雅斋"款绿地粉彩藤萝花鸟捧盒

花鸟主题的皇家瓷器

在大雅斋出现之前，中国的瓷器虽然制作优良，但是从来没有生产过完整的成套瓷器，而大雅斋瓷器大到水缸小到杯碟，是成系列的。这些瓷器都是慈禧亲自指导设计，内务府再按照要求画出彩样。按照她的审美，大雅斋瓷器抛弃了皇宫惯用的龙纹，以粉彩为基础，器面上以花鸟为主题作画，烧出了一套套清新脱俗又富贵雍容的皇家瓷器。

当然，大雅斋瓷器的烧制过程中，也有不成功的例子，对于景德镇的陶工们来说，慈禧的要求近乎苛刻，除了在绘画上强调花鸟，在器型上也要做出花鸟动物的形态。故宫博物院的档案里就记载着，仙鹤与梅花鹿的图形制作难度非常大。因为这两种动物的脚又细又长，作坯的时候细长的脚完全无法支撑身体的重量；如果要将脚和身体分开来烧制，烧好之后再结合在一起，又达不到天衣无缝的结合技术，尝试很久都失败了，最后地方官只得想办法说服了慈禧放弃这两种器型的制作。

随着清王朝的结束，"大雅斋"瓷器在完成前两批后便没能继续烧制，后期烧制技术也下滑，无法与之前的瓷器相媲美。但是慈禧的审美喜好还是在"大雅斋"瓷器中得到了很好的体现，慈禧的审美除了在皇室内日复一日地熏染，也和当时她请来的女画师缪嘉惠有很大关系。

缪嘉惠是云南人，从小就学习绘画，最擅长画花鸟，写的字也非常清秀飘逸。当慈禧一手遮天的时候，在全国各地寻求替她代笔绘画写字的女子，缪嘉惠就被作为四川推举的候选人在面试和笔试中胜出。缪嘉惠在慈禧身边随伺20年，慈禧不仅不让她跪拜，还赐给她三品的官职，据说现在圆明园中很多署名为慈禧的墨宝都是缪嘉惠所做。所以，这位女画师才是大雅斋瓷器背后最重要的艺术指导。

PART 09
一封书信开启的欧洲制瓷业

众所周知，西方国家的陶瓷制造远远要晚于中国和亚洲其他国家，最初，欧洲的陶瓷完全依赖于进口。欧洲人是什么时候开始制作陶瓷的呢？这与一位康熙年间到中国传教的法国传教士有直接的关系。

殷弘绪，传教士还是商业间谍？

佩里·昂特雷科莱(1664～1741年)，汉名殷弘绪，字继宗，受罗马教皇委派，于康熙四十四年（1705年）到中国传播天主教。后来，因为他把中国的陶瓷制作技术透露给欧洲的教会，所以很多人都怀疑他也是一位商业间谍。不管是怎样的身份，殷弘绪在中国历经了康熙、雍正、乾隆三个朝代，共计40多年，最后死在了中国，被葬于北京正福寺法国传教士墓地。他和康熙时期的当朝大臣——江西巡抚郎廷极关系很好，凭借着这个关系，殷弘绪在1709年给康熙皇帝进贡了一批法国葡萄酒，得到了皇帝的亲自接见，获得了传教的资格，以及同郎廷极一起出入景德镇的自由。殷弘绪非常聪明，仅仅三年的时间，他便把自己在景德镇所学习到的制瓷知识写成了一万多字的信件，连同景德镇烧制的陶瓷样本一起邮寄给了欧洲耶稣会奥日神父。这不是一封普普通通的信件，放到今天来看称得上是学术研究或者是毕业论文。殷弘绪把景德镇的制瓷工艺从原料的寻找、提炼开始，直到整个制作流程，包括每一个步骤的渣子该怎么处理都记叙得非常详细，这其中最重要的环节是高岭土的使用。

"高岭是瓷器成分之一，其加工比白不子（高岭土提炼出来后，可以用于制瓷的瓷土制成一块块瓷块存放，被称为瓷石）简单。一般直接使用自然土。在表层被红土覆盖的一些山中可以找到高岭矿。它埋藏得较深，并以块状存在。把它做成正方形白不子的方法，与作白不子的方法相同。我认为，称之为圣·波尔土的马耳他白土矿与高岭有很多相似之处，但没有像高岭中发银光的那种微细颗粒。"

"精瓷之所以密实，完全是因为含有高岭，高岭可比作瓷器的神经。同样，软土的混合物增加了白不子的强度，使它比岩石还要坚硬。一个豪商说：若干年前，英国人，也许是荷兰人，把白不子买回本国，试图烧造瓷器，但他没有使用高岭，因而事归失败，这是他们后来谈出来的。关于这件事情，这个商人笑着对我说，他们不用骨骼，而只想用肌肉造出结实的身体。"

1716年，法国人将这教科书一般的信件发表在《科学》杂志上，在欧洲引发了寻找高岭土并按照二元配方仿制中国高温硬质瓷器的热潮。又过了十年，殷弘绪在康熙六十一年（1722年）写了第二封信，对之前的报告作了17条补充，对金彩、色釉瓷、紫金釉、龙泉瓷、黑釉、红釉、窑变等技术特点和制作要领做了详尽解释。

比如红釉，殷弘绪这样写道："红料是用'矾'，即皂矾制成的。中国人制备红料的技术也许是独特的,所以现在介绍其制备方法：先往坩埚里倒入两斤皂矾,用另一个坩埚把它扣起来,严密封泥。上面的坩埚上开一小孔,小孔要用盖子盖起来。这个盖子能随时自由地启开。坩埚要置于木炭火中以强火加热。为了增加反射热,用砖把炭火围起来。冒出熊熊黑烟,说明火候未到；而开始冒出薄而细密的云彩般的烟,说明火候适宜。这时,从坩埚内取出此少量原料,加水后在柏木上做试验。做试验时,如果它呈现鲜丽的红色,拆除包围和覆盖坩埚的炭火,完全冷却后取出在坩埚底上业已成块的红料。最好的红料是粘着在上面的坩埚上的。用一斤皂矾,可制得四'盎司'红料。"这些细节都可以看出,殷弘绪确实是在景德镇停留了很长时间,并且非常认真仔细研究了制瓷技术。

欧洲制瓷业的崛起

从马可·波罗起,西方人就开始了对那个富有的东方帝国的憧憬和遐想,希望学习到那里的丝绸、陶瓷和一系列的工业技术。有一位堪称是对东方文化迷恋的代表人物——出生于17世纪的波兰王奥古斯特二世（1670 ~ 1733年）,又被称作"强力王"。德国德累斯顿茨温格宫是目前欧洲最大的瓷器博物馆,目前这个瓷器博物馆里也收藏着中国历代瓷器42,000余件,其中明清中国外销的瓷器达到24,100件之多,这些藏品大多都是奥古斯都二世与三世的皇家收藏。随着中国制瓷工艺在欧洲的公开,奥古斯都二世也开始花巨资去制作瓷器,他支持一位炼金师在经过很长时间的试验之后,终于在1708年烧制出了有着玉器质感的白色瓷器。1710年,国王命令在距德累斯顿23公里的阿尔布雷希特斯堡建立迈森皇家瓷厂。后来在二元配方的指导下，于1740年烧制出青花、釉下蓝彩、描金、彩瓷等高温硬质瓷。

17世纪后期，法国国王路易十四通过法国商人，在景德镇定制了他与王后的瓷器塑像，并且要求塑像里的国王夫妇身穿中国丝绸做成的中式服装，由此可见当时中国瓷器和丝绸在欧洲的风靡程度。今天，法国的里摩日小镇被称为法国的瓷都，是一个有着30多家制瓷工厂作坊和三四千职工的瓷业中心，它的成就也是源自于对高岭土的认知和使用。

1768年的某天，一名法国外科医生的妻子黛莱特偶然发现自家院子里的白色黏土具有增白功能，于是挖来替代洗衣用的漂白粉。这个消息震动了法国瓷界，寂静的小镇一下子涌进络绎不绝的采矿人。这种土被运到巴黎郊区的塞夫乐皇家陶瓷工厂试用，被证明是绝好的制瓷原料。于是，利摩日的地方总督非常高兴，下令建成了当地的第一家陶瓷作坊，这就是今日的利摩日城堡。印象派大师雷诺阿年轻时就曾在一个专门画瓷器画的作坊当学徒。因为高岭土，利摩日瓷器有着"法国白金"的赞誉。

韦奇伍德（Wedgwood）被称为英国陶瓷之父，他在1759年创办了韦奇伍德瓷器品牌，所造瓷器受到全球社会名流的喜爱。韦奇伍德曾为俄国女沙皇叶卡捷琳娜二世定制专用餐具，其制作的精品——著名的"罗马波特兰"花瓶现藏于大英博物馆，已经成为英国的国宝。

乔赛亚·韦奇伍德出生在英国斯坦福郡的一个陶工世家，是家中13个兄妹中最小的一个。他的祖父辈都是陶工，但是在韦奇伍德很小的时候，父亲就去世了。去世前，父亲留给他20英镑的遗产。还在上小学的韦奇伍德被迫辍学，到哥哥的小陶瓷厂当"拉坯工"。韦奇伍德创办自己的陶瓷工厂的时候，就决定用自己的姓氏来命名，虽然没有读过很多书，但是他特

✕　德累斯顿茨温格宫

别擅于钻研和学习，研制新的陶瓷产品，生意慢慢走上正轨。受到中国高岭土的启发，韦奇伍德发明了在陶土中添加动物骨粉的方法，研制出硬质瓷器。1793年，到中国觐见乾隆皇帝的英国使节，把韦奇伍德瓷器作为国礼赠予大清。从殷弘绪被刊登的那封信算起，这中间只相隔了80年。

PART 10
"四御笔"的浅绛彩瓷

　　"浅绛"是中国画的术语，国画家们用水墨勾画轮廓之后，用画笔进行皴染，最后染上淡淡的赭石或者是花青颜色，这是元代著名画家黄公望最擅长的一种画法。把这种画法移花接木到瓷器上，是清代景德镇的一种创新。

　　咸丰三年（1853年），50万太平军攻入江西。两年后，太平军涌入景德镇，一把火将景德镇的御窑烧得彻彻底底，瓷样被打得粉碎，窑口被毁得面目全非。无辜的画师、窑工被追杀，即便是在这场浩劫中幸存的窑工也吓得四散奔逃，逃离了御窑厂。

　　御窑毁灭了，但是窑工们依然要吃饭。做了一辈子瓷的窑工为了谋生，创造出了浅绛彩瓷。当时做御窑瓷器的成本非常高，贫困的生活让窑工们无心研制精美瓷器的制作方法。浅绛彩瓷则不同，随便在一个瓷胎上进行些山水画的描绘，就可以在民间卖个好价钱。

　　看着景德镇荒废的样子，当时担任两江总督的刘坤一在给皇太后慈禧的奏折中写道："查景德镇地方，连遭兵燹，官民窑厂，停歇十有余年，老匠良工消亡殆尽。"千疮百孔的景德镇百废待兴，慈禧让刘坤一开始重建景德镇的御窑，并且按照大清的惯例，开始给御窑厂下订单。可这时的清王

✕ 山水画粉彩

朝已经是强弩之末，内忧外患，根本拿不出大笔银钱来复兴景德镇凋零的制瓷业。这时候有人想了个主意。同治五年（1866年），李鸿章以筹措海军军饷为由，筹集13万两白银在御窑厂旧址重建72座房屋，开始复兴御窑。同治七年（1868年），景德镇的御窑又开始了生产。刚复兴不久，御窑就迎来了一位大画家——程门，浅绛彩瓷真正的创新者。

程门有很多作品留下来，但是他成就最大的就是浅绛彩瓷画。程门与儿子程荣一起制作的"山水人物花耳扁壶"就是其中的精品，现藏于安徽黟县文物管理所。实际上，程门只是在江西景德镇御窑厂工作的一个画师

✕ 景德镇窑粉彩人物图笔筒

代表，这时候有很多安徽画家都在御窑厂工作，因为都姓程，所以他们被后人称为程家军，他们也是创新浅绛彩瓷画的主力军。

程门是安徽黟县人。在新安江的源头歙县与黟县，这个时候的徽州画家形成了一个绘画流派，叫作新安画派。新安画派的画家们以水墨描绘山水为主，抒发出离于尘世的精神追求。程门是新安画派中非常著名的画家，画作常被人们争相收购。

同治十年（1871年），程门到景德镇的御窑厂工作，算是御窑特聘的高级画师。他把新安画派的山水画直接应用到制瓷上，使得陶瓷产生了"浅绛"的效果，成为浅绛瓷的专用名词。

1875年，江南才子王凤池被正式任命为江西饶州知府，这也是一位深得民心的知府。文学造诣非常深的王知府经常跑到景德镇去烧窑，希望能烧制出更好的浅绛瓷，为当地带来更多的经济收入。王凤池与当时景德镇另外两名御用画师金品卿、王少维三人一起参与制瓷，王凤池题字，金品卿画花鸟，王少维画人物，后来人们把这三位同程门画家一起称为中国浅绛瓷画"四御笔"。遗憾的是，王凤池上任时，程门已离开景德镇。而当光绪十三年（1887年），程门回到景德镇时，王凤池已卸任，两位艺术大师没有同框过一件作品。

PART 11
中国第一套陶瓷餐具——同治大婚瓷

在清朝末年，国家处于一片低迷时期，慈禧太后却依然耗费了大量的金银钱财为自己的儿子同治举办了一场盛大的婚礼，这场婚礼共花费1100万两白银，单瓷器一项就花费了13万两白银，这就是李鸿章挪用的军队的军饷。

同治七年（1868年）三月，在太平天国攻占景德镇十年后，刚刚恢复生产的景德镇御窑就接到一个紧急任务：为十二岁的同治皇帝烧制大婚瓷器。大量瓷器画样从造办处发往景德镇，景德镇的督陶官景福开始犯了难：太平天国运动之后，御窑厂早已名不副实，无论是瓷窑，还是窑工都非常短缺。如此庞大的瓷器数量，工期只有一年，几乎是不可能完成的任务。这批瓷器一共烧了两次，第一次的成品慈禧太后极不满意，说："所有前次九江关监督景福解交大婚礼瓷器等项一万零七十二件，均烧制粗糙，不堪应用，着传知该九江关监督景福照数赔补。"据说，最终还是景福个人补贴了七八万两银子，找更好的工人加班加点重新赶制出来的。

为了烧制同治皇帝的大婚瓷器，景福只能下令停烧其他御用瓷。这套在同治皇帝大婚、太和殿筵席上使用的瓷器开创了中国宴席使用同系列成套陶瓷餐具的先例。这套瓷器共计10,072件，主要是碗、盘、碟、酒盅、

✕ 清（1644～1911年）黄地粉彩四喜蝴蝶盘

羹匙、茶盅、茶缸、渣斗、粉盒、刷头缸、胭脂盒等。景德镇最终花了4年时间才烧制完成。这批瓷器，故宫博物院现存有3000多件。清朝灭亡之际，皇宫里的侍卫、太监和宫女从宫中偷东西拿出去变卖，这也就是另外7000余件"同治大婚瓷"散落民间的主要原因。后来，这些散落民间的瓷器又有很大一部分落入海外藏家的手中。

大婚的策划和主持人是慈禧，为了儿子登基，她几乎花光了国库存银来准备这场婚礼。婚礼于同治十一年（1872年）举办，但早在同治五年（1866年）时就已经开始准备了。根据《景德镇陶瓷史稿》记载，当时管辖景德镇御窑厂的江西巡抚刘坤一，对大婚用瓷极为重视，要求景德镇"不得延误，并给赏项"。

因为是大婚用瓷，整批瓷器的风格特点突出了"喜庆"主题。其中一款红地描金字的喜字碗的设计流传到现代，影响了很多后人的婚礼。这个碗高7.2厘米，口径10.5厘米，足径3.9厘米，碗的内外壁和足墙都用金彩写满了"囍"字，即便放在今天来看，都颇有设计感。

同一时期，景德镇御窑还需要烧造一种宫廷灯罩，且朝廷要求灯罩比玻璃还要通透和优美，可以透过灯光，但透光之中还有暗暗的纹理。这种工艺对于当时的景德镇来说太难了，即便窑工和督陶官想尽办法也烧不出来。恰好这个时候，景德镇上一位八十多岁的御窑厂退休的老人收藏着一本烧窑秘籍，秘籍中就有这种灯罩的烧法。景福只得花重金把这本秘籍买回来。

清末时期，中国没有片刻的安静，内忧外患的局势使得整个国家都在风雨飘摇中，但景德镇依然忙碌着，为皇宫烧制了一批又一批的瓷制品。慈禧三次生日烧制的瓷，其中五十寿辰烧制瓷器花费白银15,000两；六十大寿烧制了两批瓷器，共花费白银128,400两；七十岁生辰又耗费了白银38,500两。

PART 12
仿古瓷，仿古还是造假

在景德镇的樊家井，一条短短的只有一米多宽的小巷，却聚集着全国最齐全的仿古瓷，路边高低起伏的店面，摆着大小不一的瓷器，各种风格各种色彩，从宋窑到耀州窑，再到青花，在瓷器历史上出现过名字的瓷器在这里几乎都能找到身影。当然，这些都是仿制品，它还有一个很好听的名号：仿古瓷。

樊家井一年有一百多亿的流水生意，但是它出售的并不是景德镇最高级的仿古瓷。想要去看高端的瓷器，就得去烧粉彩瓷的熊窑和江窑。事实上，就是不去景德镇，在全国很多地方甚至是家庭作坊也能看到仿古瓷的身影。到底什么是仿古瓷呢？这要从清光绪年间说起。

光绪年间官窑青花瓷其实已经恢复到了康熙和乾隆时期的制作水平，但是那时景德镇的瓷器有一个显著特点，仿制而不创新，主要仿制以前朝代的制瓷。这并不是陶瓷厂的窑工们不希望创新，而是当时很多的管理制度，使景德镇御窑工匠发现唯有仿古瓷才是最快速的盈利产品。当时的清政府已是前途幽暗，西方列强在中国烧杀抢掠。很多西方人来中国猎奇，其中一个重要目的就是收购（或抢夺）古瓷器。不少官员和商人抓住这个商机，找窑工仿制前朝青花瓷，当作古董卖给西方人，从中谋取暴利，景

✕ 仿古瓷

德镇的仿古瓷买卖应运而生，也因此造成了越来越多鱼目混珠的局面，瓷器市场越来越乱。

事实上，一件真正的仿古瓷要达到以假乱真的程度，也不是件容易的事。它主要由两个步骤构成：仿制、做旧，两个条件缺一不可。仿制主要就包括纹饰的仿制、器形的仿制、釉色的仿制、胎土的仿制和重量的仿制；而做旧，就是用各种技术手段去呈现真正老瓷器所具有的岁月痕迹。

做旧的工艺，如磨损、剥釉、戳破气泡、去火光、作色、做土锈以及陈旧感，这些都需要在新做成的瓷器上进行一些破坏，来达到如旧的效

✕ 今天的景德镇的陶瓷商铺是仿古瓷与创新品的融合

✕ 特意做旧的仿古陶瓷壶

果。真正的瓷器鉴赏家可以从细微处辨认瓷器的真伪，但是如果遇到仿制技术非常高超的瓷器，即便专家也会被蒙骗。

比如去火光，就是用氢氟酸兑水，然后再用刷子均匀涂刷瓷器的表面，由下往上刷，釉层厚的地方刷时间可长些，薄处就短些，一般涂刷30秒至1分钟后，就必须马上用水冲洗干净，以免时间过长釉层表面腐蚀得太厉害，使瓷器变得毫无光泽。如果觉得瓷器太亮的话，表面涂点色拉油，会使瓷器看上去温润如玉。事实上，做旧就是用作假来实现一种视觉效果。

在新瓷器上做出陈旧感的手段是五花八门，让人匪夷所思。比如，在瓷器的底部扔点甜食碎渣，用来吸引虫子，然后瓷器里外结上蜘蛛网，撒上蟑螂屎，蒙上灰尘等无奇不有。有些店铺经常会买一些出土的破损瓷器，目的就是为了仿制上面的旧纹饰。

第五章

陶瓷新旧事

历朝历代，陶瓷都是国民经济的重要来源，它的历史就好像是一部跌宕起伏的世间万象图。而今的陶瓷在世界各地是什么样子？中国陶瓷历史在巅峰时期所烧制的最美陶瓷现在又在哪里呢？作为传承近千年的瓷都景德镇，今天又是怎样一番光景？

青花瓷　青白间的中国瓷器史

╳

PART 01
烧了一千年的陶瓷心

全中国这么多烧窑的地方，至今能够流传下来、传承下来，被称为"瓷都"的只有一个景德镇。在现代人的心里，瓷器是生活中的必需品，景德镇是中国最知名的瓷器产地，但是现代的景德镇是什么样子？事实上，这个传承了上千年的文化都城景德镇外表变了很多，但是它的精髓却依然是一颗古老的陶瓷心。

72 道工序的传承与创新

20世纪三四十年代，陶瓷一度是衰落的，仅有的技术也用机械生产代替了手工艺术，陶瓷陷入了前所未有的低迷。制瓷经过一段时间的蜕变，不仅是制作方式的改变，颜料也由矿物料变成了化学彩料，那些沉稳的青花就像穿了新衣的农民姑娘，禁不起鉴赏家的推敲，更别提有传世的作品。为了节省工力，绘画也常常偷工减料，再也看不到精美的画面，粗鄙的瓷器上全部都是大大咧咧的笔触。这个时候西方来的洋货开始流行，为了抵制洋货，全国各个地方开始成立陶瓷公司，生产生活用瓷。这些生活用瓷就是我们今天老百姓家里使用瓷器的前身。

即便经过很多波折，在景德镇，青花瓷所需要的"共计一坯之力，过手七十二，方克成器"的传统工序手艺却从没有丢失过。在民国初期，景德镇部分的瓷器沿用民国时期的底款"江西徐生记出品""江西吉昌社出品"等，后来景德镇逐渐出现了陶瓷公司，便开始用这些陶瓷公司的名字做底款。

1948年8月，景德镇第一家公营瓷厂——建国瓷业公司成立。1950年，这家公司被改为建国瓷厂。新中国成立后，景德镇的瓷器制作开始变得统一，瓷器底款大多是"景德镇制"的篆书方款，这种制作直到今天还被使用。

╳ 景德镇的工人正在制作陶瓷坯胎

景德镇的生产一直红火，即便是在最艰苦的三年自然灾害时期，也保持着生产。到20世纪八九十年代，先后诞生了景德镇艺术瓷厂、建国瓷厂、光明瓷厂等十大瓷厂，出现了日用瓷、仿古瓷、建筑瓷等门类齐全的陶瓷产品体系，并远销130多个国家和地区。

但好景不长，随着现代文明的冲击，曾经叱咤风云的十大瓷厂在1990年之后相继倒闭。古老的陶瓷该如何去适应快节奏的社会经济，曾经的景德镇陷入举步维艰的境地。近些年来，随着手工艺的复兴，古老的陶瓷被重新点燃了希望。2006年5月20日，景德镇手工制瓷技艺经国务院批准，列入第一批国家级非物质文化遗产名录。随后，陶瓷生产几乎都是以工厂、公司和工作室的形式存在着。

景德镇的浮梁，是今天很多陶瓷工厂的所在地。这些工厂的主人不仅

╳ 渣胎碗

有景德镇的陶瓷传人，也有很多外来的新陶瓷人。工厂在浮梁，但是店铺却在景德镇，乃至全国。现在景德镇的陶瓷人，对陶瓷都有着深入骨髓的热爱。他们面对的挑战是在机械化生产的今天，景德镇的手工陶瓷如何保持一致性。一件正宗的瓷器，就意味着这七十二道工序一道不少，每一道都有独门的绝技。

著名的"青花大王"王步，1907年就来到景德镇，直至1968年病逝，一生都在研究青花瓷。他把很多中国水墨画的绘画方法都移植到青花瓷上，除了继承了分水的方法，又增加了"铁线描"的笔法，并且将分水开创成为"分水写意法"。大师不仅制作出很多巨型作品，比如高2.06米的万件瓶，亦有小巧的渣胎碗。渣胎碗在景德镇无人不知无人不晓，这种碗被景德镇人称为"灰可器"，碗的上面用非常写意的手法画出又像字又像画的图案，是比较贫穷的人家使用的碗。渣胎碗在景德镇的历史比较长，但是王步丰富了渣胎碗的图案纹饰，使得青花瓷在民间的使用越来越普及和精美。

陶溪川的今天

步入陶溪川，就会被高耸的烟囱、锯齿状的包豪斯风格的厂房所震撼，陶溪川的前身是景德镇十大名厂之一的宇宙瓷厂。在历史时光的碾压之下，宇宙瓷厂一度破败不堪、到处都是荒草和堆砌的碎瓷片，这个古老的工厂险些就彻底从大众的视野里消失。

自2012年开始，宇宙瓷厂进行了彻底的改造和包装，工厂留住了，但却变身成为全国最大的文化创意园，新的陶瓷工业与600多年的明清御窑

的传承在这里互相交融与碰撞。老瓷厂的窑炉烧炼车间被改造成不收费的"邑空间"，吸引了来自全国各地的年轻陶瓷艺术家和创业者。随着驻扎在这里的年轻陶瓷工艺师的增多，逐渐就有了一句新的流行语："被陶溪川认可的艺术家，才是真正的陶瓷大师"。而老工厂的原料车间成了陶艺体验空间，成型车间变为非遗、传统手工体验地，如果你来到景德镇，想体验一下自己烧制陶瓷的过程，那么在这里可以得到最完好的体验。

陶瓷工业遗产博物馆是历史的记录者，景德镇的新工业化时期的制瓷工具、设备、窑炉、工艺流程、产品等都在这里一览无余。据说，为了建这个博物馆，工作人员走访了390名陶瓷工人，并记录了69,000名瓷工的档案，把景德镇最重要的一环：窑工—瓷工—艺术家的渐变过程展现得淋漓尽致，也记录下了景德镇陶瓷工业的沧桑变革和辉煌历史，成为全国首家具有影响力和示范作用的陶瓷工业遗产专题博物馆。

每到周末，陶溪川又变成为陶瓷的创意世界，喜爱和制作陶瓷的人带上自己的作品在这里兜售，成为景德镇双休日最有意思的一幕。而平时的夜晚，在陶溪川旖旎的夜色之下，与传承近千年的陶瓷艺术一同进餐、漫步，或者与现代陶瓷业的老厂房对话，静默之中一切都是那么和谐。

瑶里高岭土矿遗址公园

在景德镇，你需要时刻准备着在新与旧中间游离，比如刚从创意集市转完，就跑去高岭土的故乡看看，现在这里已经变成为国家公园。出景德镇大约53公里，就是高岭土的故乡，地处安徽祁门、休宁，以及江西婺源与浮梁的交界处——瑶里村，村头广场上立着一个大大的古"垚"字的雕塑，瑶河从北至南流过，河水碧绿，缓缓流淌，两岸的居民在河边洗衣服洗菜，远处是如黛的青山。

瑶里已经没有人再去挖高岭土了，但随处走一走就会与散落田间地头、山林溪旁的古窑址不期而遇。爬到山间竹林，随处可见坑坑洼洼的古矿坑。这样的古矿坑，瑶里现存127处。此处还保存着窑址67座、水碓149乘、古作坊600处、古码头100个。据说在唐代中叶，这里就有生产陶瓷的手工作坊，后来因为高岭土而被大众所熟悉，到了清末，又因为瓷业衰落而沉寂。现在瑶里的高岭土矿遗址改建成了矿山遗址公园，成为陶瓷考古工作者们研究古陶瓷原料的圣地。高岭土矿遗址园区由高岭遗址和东埠古街两个景区构成。

浮梁老码头

　　从瑶里回景德镇，要经过浮梁，而靠近浮梁的东埠古街几乎成为人们寻古不可错过的老街。东埠的老码头，已经少见船只往来，与数百年前的情形有着巨大的差别。那个时候的东埠码头，热闹繁华，人们把高岭土从这里装上船运到景德镇，再装上满满的丝绸、盐巴回到东埠，久而久之，东埠就成了一条古老的商业街，有人说这里才是海上丝绸之路的源头。东埠码头连着东埠古老的商业街，店铺的柜台都砌得很高，当地人称其为"水码头"。过去，这种高高的柜台是为了方便骑马和坐轿子的人不下马或者不下轿就可以选购货物，但是现在已经没有人再打理这些古店铺，只留下店铺的老门头，默默无声的伫立在古街的两边。

✕　景德镇瑶里古镇

博物馆和陶瓷大学

　　车水马龙的景德镇，古韵是山水，但更多的是新生的力量。景德镇陶瓷大学是中国唯一的一所陶瓷大学，目前世界上以陶瓷为主要专业的大学也只有三所（中国景德镇陶瓷大学、加拿大其实来陶院、德国梅森陶瓷学院）。珠山在陶瓷大学的西侧，连绵的山峰即便是在冬季也没有一丝萧瑟。穿过珠山，继续向西，就是中国最全、最大的以陶瓷为主题的博物馆。博物馆外的圆形建筑仿佛一件精美的陶瓷器型，两侧的建筑就好像是以一双大手在进行着拉坯成型。玻璃幕墙外的钢护网做成了开片冰裂的纹样，让人从点点滴滴中体味到这里的生活主题依然是陶瓷。

　　在昔日皇家御窑的旁边，是一座崭新的现代艺术博物馆，设计成几个排列老窑的样子，用了280万块窑砖拼接出墙体。身处其中，景德镇的厚重历史仿佛历历在目。

╳　景德镇陶瓷大学

艺术大师和他们的传人

珠山八友的传人是现今景德镇最活跃的艺术大师。珠山八友是清末民国时期景德镇最知名的制瓷人。当时，御窑停烧后，制瓷高人流落到民间，人们开始称他们为"月圆会"，后来则以景德镇珠山为名字称呼他们"珠山八友"。说是八友事实上并不是只有八个人，他们分别是王琦、王大凡、汪野亭、邓碧珊、毕伯涛、何许人、程意亭、刘雨岑、徐仲南、田鹤仙一共十个人，称呼为八友算是代表了一种新力量，也成为这个时期景德镇瓷器的代名词。

王琦是"珠山八友"的领军人物，在他小时候，就学习捏面人的技术，后来又跟随邓碧珊学习陶瓷绘画和人像绘画艺术。邓碧珊只比王琦年长10岁，渐渐的王琦很快就超过了自己的老师，和邓碧珊形成了亦师亦友的关系。后来邓碧珊也成为珠山八友之一。

王琦的画一直在模仿黄慎（1687～1772年，清朝初年著名画家，擅长人物、山水、花鸟，为"扬州八怪"之一），又吸收了西洋画阴阳彩瓷技法。1916年，因为非常欣赏并且钦佩王琦的绘画，当时的浮梁知事程安就赠给了王琦一副匾额，上面写着："神乎技艺"。自此，景德镇的制瓷业就都开始转向王琦的画风，呈现出一派带有西洋画法的中式新风格。

相比王琦，1874年出生的邓碧珊更有自己鲜明的风格。因为他的父亲以打鱼为生，所以邓碧珊小的时候经常用手沾着水在桌面上画鱼，这也成为他后来主要的画作内容。他用日本画的技法在陶瓷板子上画肖像，成为当时陶瓷界的一个怪才。没有受过正规的烧瓷训练，再加上邓碧珊本人性格耿直超脱，诗词歌赋与书法都非常精湛，使得他在景德镇遗留下来的作品都独树一帜，呈现出一股清新淡雅超脱的灵秀气，其内容大都是粉彩鱼藻。这位胸怀文采的画家，于54岁去世。

出生于安徽太平县的刘雨岑是珠山八友中年龄较小的一位，生于1904年，1969年离世。刘雨岑是王琦的义子。他年轻时因为生活所迫来到景德镇后，和陶瓷世家朱受之的女儿朱秋霞结婚，受其影响转为在陶瓷上绘画。刘雨岑对今天景德镇陶瓷业的艺术影响非常大，当今景德镇陶瓷的大师王隆夫就是刘雨岑的弟子之一。

何许人曾经是景德镇仿古瓷的高手，这位英年早逝的工艺美术大师曾经在九江开了一个非常有名的店铺"红店"，专门售卖自己制作的仿古瓷和粉彩瓷。何许人最喜欢画的是雪景，而现代的陶瓷绘画大师余文襄是他的学生，可谓完好地继承了何许人的画风。何许人于1940年去世，后被追认为中国工艺美术大师。

出生于农家的汪野亭是珠山八友中唯一一位上过正规陶瓷学校的大师。因为祖父和外婆对他的爱护，省吃俭用，让汪野亭上了江西省陶瓷学堂，而自幼酷爱绘画的汪野亭选修了美术专业。1909年，从陶瓷学堂毕业之后，汪野亭便来到了景德镇发展，后来凭着自己的学识和优秀的绘画技法，创办了平山草堂，并且在景德镇陶瓷职业学校担任老师。汪野亭在景德镇三十年，本人乐善好施，结交了很多朋友。汪野亭从不攀附权贵，清雅高贵的品格使得他在景德镇非常有威望，他的两个儿子汪小亭、汪少平后来也都成为景德镇的陶瓷工艺美术大师，而孙子汪平孙依然在世，是汪野亭的真正传人。

汪野亭非常喜欢修行，没事就会坐禅冥想，也许是这些修行之道使他在绘画的技艺上超凡脱俗。他运用"通景山水"的画法，可使看画人有身临其境之感。这位大师的画作，被人仰慕和临摹追随了一百年，但至今却从未被超越过。

✕ 景德镇陶瓷匠人

研究出落地粉彩的王大凡是山西人，因为祖上为了避难而自山西来到景德镇。这位大师非常喜欢阅读，年轻的时候经常一箩筐一箩筐的读书，他的绘画内容基本都是人物。在绘画上，王大凡师从绛彩大师汪晓棠（1885～1924年，又名汪棣、汪棣华，宇晓棠，号"龙山樵子"。中国陶瓷美术大师），他笔下的《西厢记》《木兰从军》《岳母刺字》《梁红玉击鼓战金山》等画作都非常传神。王大凡的人物创作影响了景德镇的年轻一辈，他的儿子王晓帆不仅是中国陶瓷艺术大师，也是轻工业部陶瓷研究所核心专家；女儿王筱兰则成为优秀的仕女画家；侄子王锡良12岁辍学就开始跟着叔父一起学习绘画和烧瓷，烧了一辈子陶瓷，成为留在景德镇的陶瓷大师。

　　珠山八友中年龄最大的徐仲南，生于清朝同治十一年（1872年）。他从小就学习陶瓷的烧制，在1918年到江西瓷业公司管理美术陶瓷，非常擅长绘画竹子。他比最小的刘雨岑大32岁，而比徐仲南小14岁的毕伯涛，凭借着金石、诗、书被所有瓷业的人所崇拜。

　　珠山八友不仅给了清末、民国以及新中国成立初期的景德镇以深厚的艺术力量，他们的艺术也在延绵不断的影响着景德镇陶瓷业的后起之秀。因为对陶瓷的热爱，他们的子女、传人也全都追随着父辈，成为陶瓷匠人，景德镇的今天也是仰赖着这些传承人在历史的长河中生生不息。

PART 02
故宫里的宝贝

　　紫禁城是一个令人充满遐想的地方，高高的太和殿、光滑的青石板，以及那些陈厚的黄色与红色。站在午门口，眼望这个集合了明清两代皇权的伟大建筑，至今依然会令人怦然心动，它的每一块砖每一块瓦都代表着六百多年的沧桑。今天，它也成为世界上最大的博物馆之一故宫博物院，中国历史上最精美的陶瓷大部分都被收藏在这里。

　　故宫博物院最初的陶瓷被收藏在文华殿和文渊阁里，太和殿的东侧是文华殿，西侧就是武英殿。文华殿曾经在明清两代是太子处理政事的地方。而武英殿是清朝修书、编书和校对图书的地方。为了保护图书，同时保护紫禁城里的安全，武英殿在1889年11月1日成立了中国第一支消防队，以200名兵勇组成激桶兵。唧桶是一种人工灭火的器具，名字来自灭火时，水射出的声音。又因为唧桶射出的水像一条白色的水龙，所以也叫"水龙"。在很多电影和电视剧里，我们经常能听到武英殿大学士这个词，这位大学士就是负责编书的。后来，武英殿接棒文华殿，成为陶瓷馆，专门用来展览陶瓷。而现在，武英殿和文华殿同时都会有陶瓷展览，可以说是陶瓷爱好者的福音。

　　今天的故宫陶瓷馆本身就是一座瓷都，也是浓缩了整个中国陶瓷历史

※ 故宫

的立体教科书。展馆被分成几个部分，从新石器时代晚期陶器，直到清代各种彩色瓷器均有精品展出，可以看到每个时代传说中的身影，比如唐代青釉八棱瓶、明嘉靖年间五彩鱼藻纹盖罐、景德镇窑青花海水白龙纹八方梅瓶、唐三彩等。

一代宗师和故宫的藏品

整个故宫到底收藏了多少陶瓷呢？一共35万件完整的瓷器，以及收集自全国150多个重要窑口的3万多个瓷器碎片。这些瓷器中很多是故宫旧有的收藏，但也有民间陶瓷收藏大家无私的捐赠和奉献。

20世纪，中国的古玩收藏界有一位和瓷器打了一辈子交道的收藏大师，被人们尊称为"一代宗师"，他就是孙瀛洲先生。孙瀛洲先生于1906年来到北京做学徒。1923年，他在北京开办了"敦华斋"古玩店，自此开始了长达三十多年的古玩生意。孙瀛洲先生捐赠给故宫的藏品，当时装了满满20辆卡车。在孙先生捐赠的瓷器中不仅有宣德青花，还有成化青花以及洪武年间皇宫里使用的釉里红盏托，可谓价值连城。

　　故宫博物院刚成立不久，孙瀛洲先生的弟子，当时的故宫博物院研究员李炳辉去孙先生家里登记所捐献的文物时候，孙先生说："只要你们看上的东西随便拿，越多越好，剩下来的破烂我留着。"故宫博物院的上一任院长单霁翔说："在众多捐赠者当中，孙瀛洲先生所捐赠的文物无论从数量还是质量上都首屈一指，对故宫博物院藏品的充实，起到了重要作用。"

╳　故宫博物院收藏的明代（1368～1644年）戏剧人物瓷器碗

故宫博物院里有一件成化薄胎三秋杯，就是孙先生的捐赠，这只小小的三秋杯是孙先生当时用自己的全部家当买回来的。20世纪40年代，北京城被日本人控制。当时，孙瀛洲的古玩铺子开在东四牌楼。当他听说后门桥附近有一家当铺要清货还债，便猜想后门桥一带有很多清宫的遗老遗少，这家铺子肯定会有一些皇宫的东西。没想到，当孙先生来到这家当铺时，存货已经不多。看着孙先生一脸失望，当铺老板就从店后边取出来一个保险箱，从保险箱里小心翼翼拿出一个锦盒。锦盒一打开，来捡漏的行家们当即知道是成化斗彩薄胎三秋杯！

行家们纷纷出价，从一根金条直叫到四根金条，当铺老板都没卖。最后等人们都走光了，孙先生问当铺老板出价，当铺老板坚持40根金条少一根都不行。孙先生自小就是一个穷孩子，入京后最开始在隆福寺三合公硬木家具店做学徒，之后又在同春永、宝聚斋等古玩店当学徒，完全靠着自己的努力才积攒了一点家业，即便是后来有了自己的店铺，也规定全家人每个星期才吃半斤猪肉。这40根金条是当时他的全部家当。没想到，孙先生二话没说就答应了这笔买卖。后来旧北平古玩商商会会长想出高出数倍的价格购买，他也不为所动。最后孙先生没有丝毫犹豫地将三秋杯捐赠给了故宫博物院。

孙先生被聘为故宫博物院的顾问，带领着自己的学生和陶瓷研究院的员工一起对故宫所有的陶瓷藏品进行重新鉴定，抢救了大量的文物。孙瀛洲先生先后写过几本陶瓷鉴定的书，《谈哥汝二窑》《成化官窑彩瓷的鉴定》《我对早期青花原料的初步看法》《瓷器辨伪举例》等，都是中国陶瓷史上非常重要的书籍。

宋瓷五大窑是中国瓷器历史上不可逾越的巅峰，而这些经典的藏品，大都被收藏在陶瓷馆里。在去之前一定要做好功课，那些陶瓷历史上的瑰宝，大多都静默地被陈列在展馆的一角，稍不留意就会被错失掉。

当然除了故宫博物院，还可在台北故宫博物院、大英博物馆、纽约大都会博物馆等多个世界著名的博物馆里与宋瓷进行一场穿越时光的对话。

绝世珍品汝窑

宋时，五大名窑之首，因产于汝州而得名，这就是著名的汝窑。中国陶瓷史上称汝窑为"魁"，明代的曹昭（元末明初收藏家）在《格古要论》里写道："汝窑器，出北地，宋时烧者。淡青色，有蟹爪纹者真，无纹者尤好，土脉滋媚，薄甚亦难得。"

现在所发现的宋朝汝窑窑址，只出现在两个地方，分别是河南禹州神垕镇（一说在河南省宝丰清凉寺）和河南汝州市张公巷。汝窑的美让很多人都对它痴迷，它的瓷胎与众不同，坯体含有3%左右的氧化铁，瓷土中加入了一些陶土。后人在探究汝窑的瓷胎时发现，汝窑器与所有的瓷胎色彩都不一样，虽然都呈现出灰白色，但胎色深浅不同，因为与燃烧后的香灰有些近似，所以又被称为"香灰胎"。这种瓷胎随着光照射在瓷器的不同部位，色彩呈现出妙不可言的微妙变化，那种脱俗的青色，好像一面明镜，又好像是雨后透明空气里淡淡的天色。

据说汝窑是宋徽宗最喜爱的瓷器品种，曾为其批注"雨过天晴云破处"。宋徽宗崇尚道教，信奉天人合一的素净，所以汝窑也恰如其分地呈现出了宋徽宗想要表达的境界。

汝瓷也有开片，开片和后文所介绍的哥窑开片完全不一样，汝窑的开

片非常细密，往往呈现出浅浅的鱼鳞纹和冰裂纹状的淡淡纹路。这些美都让历代帝王对汝窑爱不释手，宋徽宗看到汝窑后，不再用定窑的瓷器，全部改用汝窑瓷器，清朝乾隆皇帝也为汝窑写过很多诗句。

汝窑仅仅存在20年，后世的仿造瓷器比比皆知，但没有一个朝代可以达到完全复原的程度。因为烧制稀少，品质珍奇，现存世上的汝窑只有79件，其中故宫博物院藏有17件，大都是汝窑天青釉洗、汝窑天青釉碗、汝窑天青釉盘，而台北故宫博物院藏有21件珍品，大英博物馆也有4件汝窑绝品。

钧窑的万彩神韵

对于钧窑，故宫收藏比较多的就是天蓝色的釉碗，其中有一只有着天蓝色釉的碗制于北宋，高7.9厘米、口径18.9厘米、足径5.7厘米，看似简约，但蓝色中有着浅浅的深红色渐变，足底没有上釉色，是瓷胎本有的土铜色。清代乾隆皇帝御制诗《题钧窑碗》，其中有"围匡底用以铜锁，口足原看似铁坚"句，描述的正是这种似铜铁色的圈足。钧窑的神奇就在于颜色的千奇百变，有着"入窑一色出窑万彩"的豪迈说法。

钧瓷的历史非常长，它从唐代开始烧制，但一直是一个默默无闻的小窑场，却在北宋年间，因其不同于当时的青白黑三种色系的瓷器，而得到了宋朝主流社会的认可，多情的才子皇帝宋徽宗因为非常喜爱钧窑的瓷器，又将其定为御用珍品，钧窑瓷器从此名扬天下，备受追捧。

钧窑的所在地叫钧州。在《左传》中记载着这样一段历史，昭公四年"夏启有钧台之享"，意思是说大禹的儿子夏启在父亲去世之后，召集了各路诸侯或部落首领在钧台举行大型宴会，这个大型宴会就开在今天禹州城南7.5公里的地方，表示夏启正式继承王位。在夏启之前，大禹在这里建立了夏朝。历史上各朝各代来这里游玩或者是凭吊古者的文人墨客络绎不绝。

千百年来一直都受人追捧的钧瓷好在哪里呢？也许相对于现在丰富的色彩世界，宋朝的色彩创意有些陈旧了，但是在当时，钧瓷可以说是石破天惊一般的存在。即便是同一口窑同样的时间烧出来的钧瓷也不一样，窑工们充分利用了窑变时的机会，铁为呈色剂，以高温烧制，金属离子会分解出不同的颜色。这种铜红釉的窑变技术绝对是当时一个大胆的突破和创新，使千篇一律的青瓷出现了玫瑰紫、海棠红、茄色紫、梅子青、深紫、米色、天蓝、胭脂红、朱砂红、葱翠青等各种不同的色彩，这些颜色相互

✕ 北宋（960～1127年）钧窑月白釉海棠式盆托

交织在一起，就像夕阳西下时天空呈现出的色彩，美丽动人。乾隆帝曾赞
美钧瓷："晕如雨后霁霞红，出火还加微炙工。世上朱砂非所拟，西方宝石
致难同。"（《赏钧红》）

　　窑变是钧瓷的一项绝技，而钧瓷的另一个绝技，就是钧瓷的釉面会有
像毛毛虫一样的气泡体，一串串附着在釉面上，被称为"蚯蚓走泥纹"，也
就是后世很多窑厂模仿的"橘子皮"釉面，这一般是加入石灰碱的缘故。

　　世界各大博物馆都可以找到钧瓷的身影，但是珍品依然还是在故宫博
物院陶瓷馆，台北故宫博物院也有很多藏品。

哥窑的开片纹

贯耳炉是故宫博物院所收藏的哥窑代表作之一。哥窑的标志是开片瓷，这是制作出龙泉梅子青的章生二的哥哥章生一制作出来的。据说章生二嫉妒哥哥的瓷器比自己烧制的精美，就在哥哥的瓷器要出窑时，泼了几桶盐水上去。结果第二天开窑时，所有的瓷器釉面都开裂了，反而产生出另外一种美。于是，章生一就开始研究怎么样才能让瓷器的表面能产生优美的裂纹，后来他做得这种瓷器又叫圾碎，如同冰上敲开的裂纹一样动人心魄。釉面开片，是前无古人的做法，章生一几乎将一生的心血都交给了开片。

事实上，开片的冰裂原因有两种：一是成型时坯泥沿一定方向延伸，影响了分子的排列；二是坯、釉膨胀系数不同，焙烧后冷却时釉层收缩率大。据说当开片瓷器诞生被运到南宋都城杭州时，一下子就得到了很多名流人士的喜爱，章生一也因此成名。哥窑开片的品种非常多，开大片为"冰裂纹"，开细片为"鱼子纹"，极碎为"百圾碎"，若裂纹呈黑、黄两色，就叫作"金丝铁线"。这些作品，均可以在故宫陶瓷馆展出的宋瓷展品中

故宫陶瓷馆的建成，得益于一位非常重要的人物，他就是陈万里，人们把他称为中国古陶瓷之父。陈先生对陶瓷的热爱，超过了他自己的很多其他爱好，摄影、昆曲都是陈先生所擅长的，但是他一生最钟爱的只有陶瓷，而且是浙江一带的青瓷。为了考查龙泉青瓷，从1928年开始，陈先生前前后后一共跑了八趟龙泉窑，去了七次绍兴，从古窑里搜集出大量的瓷片，成为陶瓷考古的标本，为瓷器考古开辟了一片崭新的途径。除了把自己所有的精力都奉献在陶瓷考古上之外，陈先生在1954年到1959年向故宫博物院捐赠了139件（套）文物，其中陶瓷器136件（套），这些瓷器都是陈先生自己多年来的静心收藏，以六朝（222 ~ 589年，指中国历史上三国至隋唐的南方的六个朝代，即孙吴、东晋、南朝宋、南朝齐、南朝梁、南朝陈）至唐、宋时期的浙江越窑，宋、元时期的龙泉窑青瓷为主。

╳ 宋（960～1279年）哥窑葵口盘

——进行分别。

　　龙泉窑在宋朝也是不可被取代的出口霸主。2019年，故宫博物院联合全球龙泉青瓷的收藏家们一起，做了一个别开生面的展览，叫作"天下龙泉——龙泉青瓷与全球化"，一共展出龙泉青瓷830件，这个展览可以说是一场穿越时光的器物对话。

消失不见的官窑

　　迄今为止，北宋的官窑一直没被发现。宋朝的文学家顾文荐在《负暄杂录》中记载到"宣政间（宣和、政和年间，即1111～1125年）京师自置

✕ 南宋（1127～1279年）官窑粉青釉三足炉

窑烧造，名曰官窑"，所以说宋朝时的官窑和后来把景德镇设立为官窑的概念与意义不同，它是宋徽宗自己出钱创办的窑厂，据说窑址在汴京，但是从来没有人发现过蛛丝马迹。

官窑也主要烧制青瓷，以月色、粉青、大绿三种釉色最为流行。这些青瓷的颜色中有细微的变化，比如天青色釉中略略带一点点粉红颜色，瓷器足部无釉，烧成后是铁黑色，这就是北宋官窑非常著名的"紫口铁足"。

南宋时候，在临安，也就是今天的杭州凤凰山下设立了新的官窑，这个新窑也非常有成就，烧出来的瓷器和旧的官窑没有什么区别。但是凤凰山下的窑址也只是被记载在史料里，窑址还没有被发现过。1930年时，人们发现了另外一个"郊坛官窑"，这就是位于杭州市南郊乌龟山一带的官窑。

官窑的存在时间很短暂，按照宋徽宗的旨意，官窑主要是用来烧造青铜古器的仿造瓷器，用以祭祀和陈设，所以这些瓷器都沉稳厚重，典雅大方。即便官窑也烧制了很多笔洗，但这些笔洗相对于其他的窑口，呈现出大气沉稳的器型特点。宋代的官窑，也是清朝乾隆皇帝最喜欢的瓷器，这些瓷器现在基本都被收藏在故宫博物院里，台北故宫博物院也有大量珍品，纽约大都会博物馆里也珍藏有几件官窑绝世珍品。

磁州窑的黑白花

在整个宋朝，瓷业是民生非常重要的一环，但随着皇室在景德镇设置御窑，南方的制瓷业慢慢赶超北方，景德镇更是大放异彩。北方能够与景德镇相抗衡的只有彭城，所以便有了"南有景德，北有彭城"的说法。而彭城磁州窑所生产的就是非常震撼的黑白瓷，窑址在今天河北省邯郸市峰峰矿区的彭城镇和磁县的观台镇一带。

宋朝，磁县被称作磁州，磁州窑是宋瓷黑瓷系的代表。这支窑火已烧了一千多年，称得上是北方最大的民窑，后来磁州窑成为一种烧制体系，按照现在的地理划分，是以邯郸为中心，南部的有河南鹤壁集窑、修武当阳峪窑，禹县的扒村窑，登封曲河窑，向西有山西介休窑，霍县窑；向东是山东的淄博窑；过了长江后，江西吉安的吉州窑以及福建泉州、四川广元这些地方，都是烧制磁州窑风格的瓷器。到了北宋中期，磁州窑的烧制技术已经非常成熟。宋朝的磁州窑窑工的审美与绘画技术都非常了不起，他们不仅将中国水墨画移植到了瓷器上，同时也借鉴了彭城最早出土的制

✕ 宋（960～1279 年）磁州窑黑花草叶纹长腹瓷瓶

陶风格，创新出了白地黑花（铁锈花）、刻画花、白底剔花、黑底剔花、窑变黑釉这些在陶瓷历史中不可颠覆的精品。

梅瓶是宋朝时经典的瓷器造型，这是一种小口、短颈、丰肩、瘦底、圈足的瓶式，以口小只能插梅枝才有了这个名字，当时人们用它来装酒。梅瓶是故宫收藏比较多的品类，另外比较多的收藏就是瓷枕，作为当时最大的一支民窑体系，磁州窑瓷枕的生产完全是对民间市场需求的供应。故宫博物院里所珍藏的磁州窑藏品数量相对多一些，而大英博物馆、纽约大都会博物馆也都有磁州窑窑器的收藏。

定窑，绝世白瓷

定窑是白瓷，是继承了唐代邢窑白瓷的一个瓷窑体系，生产的地区范围也比较大，主要位置就是在今天河北省保定市曲阳县，在宋朝时这个地区被称作定州，所以窑口就被称为定窑。在宋瓷中，定窑虽然排名在最后，但是它却是诞生最早的老窑。汝、官、哥、钧都是北宋晚期创烧，而定窑从北宋早期甚至五代的时候就开始烧造了。事实上，在古时候烧制白瓷是非常难的，难在如何去掉瓷土中的杂质，呈现出真正的白。定窑不仅仅烧出白色瓷，还烧制出紫色、黑色和绿色等瓷，被人们按照色彩称为红定、墨定和绿定等等。苏东坡曾经写过一首诗叫作《咏定瓷》，其中一句是"定州花瓷琢红玉"，就是在称颂红定瓷。

故宫博物院收藏了一件非常著名的"定州白瓷孩儿枕"，这是定窑瓷器的代表作之一。乾隆很推崇定窑，他有二百首咏瓷器诗，其中咏定窑的就

✕ 宋（960～1279 年）定窑白釉刻花水纹枕

有 30 多首。现在在故宫博物院里可以欣赏到许多定窑珍品。

因为烧窑的时间长、范围也广，所以定窑出产的量也很大，窑工也很多。可惜北宋灭亡之后，定窑基本处于分崩离析的状态，窑工们都纷纷南迁，一部分去了景德镇，而一部分去了吉州，创建了吉州窑。

吉州窑，茶盏上的玳瑁纹

吉州本有的窑土土质不是很好，烧不出晶莹剔透的白瓷，所以这些南下的窑工们因地制宜，把磁州窑的风格融合其中，利用黑釉中洒落上去的高铁质釉料窑变成条状或块状棕色斑纹，这就是动人的"黑釉铁斑"。黑釉之上再用姜黄色涂抹，就是现在非常流行的玳瑁纹。

✕ 吉州窑白地褐花叶纹盖罐

　　吉州窑是民窑，窑工的家属和女眷们也会参与制作。她们干不了重活，就用灵巧的手去绘画或造型。在她们的眼中，自然界就是创新的源泉。吉州窑的木叶盏，就是自然界赋予窑工的创意，一片落叶有意无意地落到瓷胎上，叶脉纹带着秋天的遐思，给人以泼墨山水的意境。今天的日本，很多窑器也都在追随吉州窑的工匠风格。可惜，吉州的岁月静好也没有维持多久。随着南宋和元朝之间的战争日渐激烈，吉州窑的窑工不得不再次背井离乡，迁徙至景德镇，而他们只是中国众多窑工中投奔景德镇的一个小小的例子而已。

　　吉州窑的收藏在故宫博物院可以看到，而在日本的一些博物馆、大英博物馆、纽约大都会博物馆都可以看到它那自然灵动的身影。

建窑的兔毫釉

  虽然在宋朝时没有被列入五大名窑行列，但若是谈八大名窑，建窑就有了一席之地。以黑瓷为主的建窑自唐代开始烧瓷，到宋朝时，烧制技术达到了历史的顶峰。这本来是一个南方的民间瓷窑，但因为北宋时期皇室非常喜欢斗茶，用上好的茶和上好的茶器来比输赢。因为特殊的需要，建窑就一直烧制专供宫廷用的黑盏，后人也称为建盏。1054年，大书法家蔡襄，宋朝的一位重要大臣，负责在福建制造贡茶，他把宋朝的斗茶习俗撰写了一部茶艺史，叫作《茶录》。《茶录》里对建盏有着很详细的记载："茶色白，宜黑盏。建安所造者绀黑，纹如兔毫。其坯微厚，炯之久热难冷，最为要用。出他处者，或薄或色紫，皆不及也。其青白盏，斗试家自不用。"这其中所描述的兔毫是建盏最知名的釉色，是在1350度的高温烧制之下，自然产生的窑变，因为这种窑变的釉色纹路好像兔子身上纤细柔软的长毛，所以才有了这个名字。近看一只建盏，黑釉瓷器上，釉面的颜色深沉如漆，好像细细的瀑布一样的白色纹路，如同兔子身上的毫毛一样纤细，不仅如此，每个茶盏上都烧有两个白毫般的亮点。

  宋徽宗是一位斗茶的高手，他本人也喜欢建盏，他在《大观茶论》中这样讲建盏："盏色贵青黑，玉毫条达者为上。"事实上，见过建盏的人都会被建盏独一无二的神韵所倾倒，这只看上去朴实无华的小小茶碗，暗藏着无数窑人的心血和玄机，即便是在同一个窑里边，也无法找到完全一模一样的建盏。

  后来，建盏流传到日本和韩国，被两个国家的茶道高手们所喜爱。建盏在日本又被称为：天目盏，但事实上福建南平并没有天目山。在故宫博物院收藏着建窑的几个完整无损的兔毫盏，同时也收藏了当时建窑的最大

✕ 建窑黑釉兔毫盏

对手福建福清窑所制造的仿制品，其精美程度完全不能和建窑相比。此外，台北故宫博物院也收藏有建窑的另外一种釉色极品：金油滴建盏。

PART 03
日本的国家宝藏

日本人对陶瓷的喜爱最初是受中国的影响。日本在很早就有来自中国的瓷器。公元前2世纪，从中国到日本的海上航线已开通，到了唐朝中后期，唐三彩、青瓷、白瓷和釉下彩瓷都成为大唐运往日本商船上经常盛载的内容，而唐三彩后来也成为日本典雅和尊贵的器皿，往往会被用在国家和贵族等举行祭祀、佛教仪式的场合上。宋时，我国浙江一带与日本的关系很密切，而这一带所生产的越窑青瓷很多都被运到了日本，成为日本人所追求和向往的一种珍品。

源自中国的濑户烧

最初的日本陶瓷，没有自己的风格，也没有自己的喜好，从中国运来什么日本人就欣赏什么。这种情况直到镰仓时期，被濑户一个叫藤四郎景正的人所改变。当时，日本的幕府将军非常喜欢宋朝福建建窑所生产的黑釉瓷，这种黑釉瓷到了日本就被称为天目山铁质黑釉瓷。

✕ 日本瀬户烧

　　自幼就开始学习制陶的藤四郎景正，出生于在镰仓初期一户叫作藤原元安的官宦人家，他长大之后一直在京都附近烧窑，也特别喜欢收集很多海外的窑器，想要学习这些制窑的方法。思考了很久，藤四郎决定去中国求学。

　　贞应二年(1223年)，藤四郎跟随着日本的道元禅师从日本九州登上了开往中国的商船，自此开始了在中国学习制坯烧窑的时光。有人说他学了十二年，也有人说是六年。

　　藤四郎主要学习的是建窑整个茶具的烧制方法，在他回国后开始踏遍日本所有的地方，苦苦寻找优质的陶土，却一直没找到。传说，正在极度郁闷的时候，他跑到瀬户附近参拜深川神社，忽然得到神灵的开示："本神社巽之方位(东南角)祖母怀地域富藏良土。"果不其然，藤四郎在这里找到了可塑性和高温耐受性极好的"木节黏土"。后来藤四郎为了感谢神灵佑助，专门烧制了一只灰釉陶塑狛犬供奉到神社前，直到现在，濑户陶的"狛犬"已经成为濑户烧的象征。

而藤四郎用找到的上好陶土，在尾张濑户村试烧天目盏成功，自此这种瓷器就成为日本历史上最知名的濑户烧，也是日本真正开始生产陶瓷的时刻。后来，日本逐渐有了更多的制窑技术，除了濑户烧之外，还有信乐、常滑、丹波、备前、越前等，被称作日本的六大古窑。再后来的1616年，日本的朝鲜战俘李参平在日本有田成功烧制了伊万里瓷器，也就是有田烧，日本陶瓷的批量制作才开始。到了21世纪，即便科技再发达，日本的烧窑技术依然没有断了香火，日本人依然喜欢使用陶瓷来装茶、酒、美食等等，陶瓷不仅具有装饰美，而且还能起到画龙点睛的作用。

日本的国宝级瓷器

那么，有这么多年陶瓷烧制历史的日本到底有哪些宝贝呢？其实，被日本认定的国宝级陶瓷宝贝只有14件，这14件中有8件还都是中国的古瓷器，这8件宝物中，又有4件是幕府将军曾经很喜欢的宋代建盏，这些建盏于宋代时流传到日本，传承至今。

古时候的中国制造，在日本是非常高贵的象征。日本大阪的藤田美术馆，是明治时代一位叫作藤田传三郎的日本企业家的私人美术馆，美术馆最绝世的收藏品就是曜变天目茶碗，是四百多年前德川家康喜欢的一只茶盏，后来德川家康给了水户德川家的德川赖房。1918年，藤田平太郎以

53,000日元的价格收购了这只茶碗,相当于今天的三千多人民币。那么在一百年前是什么样的价值呢?当时的日本,经济不发达,除了权贵之外很少有人可以使用上好的陶瓷,当时的一日元可以买0.75克黄金,53,000日元可以买39.75公斤黄金!

这只建盏虽然有些残缺,后来被修补上了,但也无法阻挡它所散发出来的美,碗口里散射状的细线,就好像夜色中的漫天星光引发了人们的无限遐想。今天的日本人对于建窑依然很膜拜,可惜却无论如何也烧制不出类似的瓷器了。而建窑在中国,也早已失去了传承,所以天目盏,堪称一代绝品。

今天的日本,陶瓷依然是支持人们精致生活的重心。在一般的日本家庭中,都会根据四季的变化准备四五套日用瓷餐具,茶具更讲究,无论是日本茶还是外来的茶,茶具永远都有非常高的标准和要求。对于日本人来说,生活中的美是必需品,比如美食的定义是看上去很好吃,才是真的好吃,而"美食不如美器",日本人普遍认为:美食健壮人的体魄,而美器赏心悦目,让人的心灵更为愉悦。

PART 04

欧洲的"白金"

2019年7月26至11月3日，在中国上海市历史博物馆进行过一次高规格的展览，展览的名字是《白色金子·东西瓷都——从景德镇到梅森瓷器大展》。这次展览展出了来自中国、德国、日本的六家博物馆的上百件馆藏瓷器精品，讲述了欧洲瓷器与中国瓷器的渊源，也介绍了瓷器在西方是如何自成体系，拥有自己独特的艺术魅力。

奥古斯特大帝的梅森瓷

18世纪的奥古斯特大帝纯粹因为个人喜好开始研究烧制瓷器，他曾用一队骑兵与波斯商人换过48件中国瓷花瓶。因为对瓷器的喜爱，奥古斯特大帝用自己的权势，把数学家契恩豪斯关了起来，命令其进行玻璃的实验，与此同时，还把炼金术士伯特格尔拘禁起来，专门给他烧制瓷器。

他把他们关在梅森最老的城堡——阿尔布莱希特城堡（Albrechtsburg）。奥古斯特大帝一心想把梅森改建成一个依山的隐蔽工厂，因为这里拥有着瓷器最稀缺的资源——高岭土。在这样日复一日的实验和研究中，契恩豪斯还没有等到瓷器的诞生就去世了，但是伯特格尔却坚持到了1709年，终于成功破解了制瓷的秘方，他把烧出的瓷器称作"白金"，是一种白而透明的瓷器，这便是欧洲本土的硬质瓷——梅森Meissen瓷器，成为欧洲的第一名瓷。

人们甚至把梅森瓷当作陶瓷界的爱马仕和劳斯莱斯。在欧洲，如果家里有一件梅森瓷器，就相当于是一件昂贵的传家宝。著名的奥匈帝国皇后茜茜公主，当年就收藏了几千件梅森瓷器。在上海这次展览中，还展出了梅森的瓷器石膏模具。梅森瓷器自诞生以来，每一种产品的石膏模具都保存着，共17.5万个。

曾经一起被拘禁在阿尔布莱希特城堡的人，有些人后来逃了出来，将制瓷技术带到了欧洲的其他国家，这也是瓷器在欧洲其他国家先后被烧制成功的原因之一。

梅森瓷有着自己鲜明的风格。在上海展出时，有一件非常有趣的作品《猴子乐团》，瓷器的画面是由21个猴子音乐家组成的滑稽管弦乐队，这些猴子扮成人样的精巧雕像可用来装饰宴会桌，这种装饰风格的瓷器是18世纪人们最喜欢的产品。18世纪的梅森还有一种叫作兰洋葱的青花瓷，是景德镇青花瓷的高仿品，但是加大了变形和变化，尤其色彩非常丰富。除了蓝色洋葱，梅森还做出玫瑰色，绘画上融合了中国纹饰和西方油画的上色手法。

18世纪的梅森瓷产量很低，价格高昂，但订单依然供不应求。欧洲人等不起梅森瓷，就会在中国订制类似梅森风格的瓷器，这种回流成为一种最有意思的贸易。梅森现在的集团总裁Kurtzke博士说，三百多年来梅森做了18万件瓷器。现在梅森瓷器的产量依然不高，最主要的原因是梅森

✕ 英国"陶瓷之父"韦奇伍德画像

瓷制作非常精细，而且全部保持手工制作，根据复杂程度，制作时间需要
90 ～ 200天。

　　现在的梅森瓷器是德国的国家企业，还建立了自己的绘画艺术学校，
这所学校也是萨克森大公国艺术学院的分校，学校的主要学习内容就是绘
画与雕刻艺术。如果去梅森旅游，除了工厂、学校之外，梅森博物馆也非
常值得人们去参观。这座1916年开幕的博物馆，展出了三千多件精细的梅
森瓷，每一件都价值连城。

　　事实上，今天的梅森也并非是一百年前的状态，梅森开始生产一些手
绘瓷砖，这些瓷砖是源自19世纪下半叶欧洲比较流行的一种家居装饰风
格。这些手绘瓷砖可以用在墙壁上、地板、浴室甚至是厨房，在米兰的Via
Montenapoleone 大街上的梅森公寓店就是这样一家店，它的室内装饰使用的
都是梅森自己制作的瓷制品，不仅仅是瓷器，同时也在告诉大家，梅森开
始跨界了。

去过太空的皇家道顿

在欧洲，另外一个可以和梅森媲美的瓷器生产商皇家道顿（Royal Doulton），迄今为止都是英国最大的骨瓷出口制造商。皇家道顿比梅森还要年轻，创立于1815年，创始人约翰·道尔顿在1887年荣获维多利亚女王授予骑士爵位，其生产的瓷器在1901年得到爱德华七世授权为皇家御用餐具，从此之后，他所生产的瓷器就开始使用皇家Royal字样了。

在制瓷技术上，约翰·道顿的独到之处就是在瓷土中加入动物的骨粉，瓷器烧出来后有着非常不一样的细腻光泽。1984年，美国"发现号"宇宙飞船把皇家道顿的一只盘子带到了太空，成为第一只被带到太空的瓷器。

✕ 英国复古骨瓷

但现在皇家道顿最令人喜欢的不只是那些瓷盘瓷碗，而是1913年开始制作的瓷人偶，这些瓷人偶栩栩如生，就好像拥有灵魂一样。比如皇家道顿曾经给一个报纸公司做的人偶"灯塔守护人"，这位灯塔守护人手里拿了一份报纸，报纸上的字密密麻麻，用放大镜看手描的报纸文字一清二楚。这些瓷偶，每一尊都花费了很多时间，平均需要160个小时进行全手工制作，成本超过14,000英镑。皇家道顿还擅长使用印象派的色彩，这是它的独有秘方。为表达准确，每一步都要非常耐心和小心。

华伦天奴的陶瓷情节

除了古老的制瓷业在不断创新，瓷器的美也广泛影响到欧洲的设计师，意大利著名设计师华伦天奴就是这样一位非常钟情于中国瓷器审美的设计师。在他的家里，到处都是中国官员形象、皇帝形象的瓷像，柜子里满满的都是各处收集来的中国瓷器。据说，1993年第一次来到中国时，华伦天奴就爱上了中国的彩锦以及各种瓷器，从此走上中国瓷器收藏之路。

在他的桌子上，摆着一个乾隆时期的青花瓷，这是一个珍贵的八仙过海图葫芦瓶。据说，华伦天奴失眠的时候，就会数瓷器。最重要的是，华伦天奴把对中国瓷器的热爱运用到了自己的服装设计上，设计了很多带有青花瓷图案的礼服长裙，还设计了中国瓷风格的咖啡杯。他曾在采访中说："美就是我的本能，融入在我的血液中，就像爱美女和精美的家具瓷器。"

在意大利的隔壁，1837年创立于法国巴黎的世界著名奢侈品品牌爱马仕同样非常关注瓷器，不仅在丝巾设计上出现了中国瓷器的花纹，还设计了爱马仕瓷器，在法国的瓷器之都利摩日生产。利摩日受中国人的启发，使用高岭土制瓷，几乎就是景德镇的翻版。瓷器设计上，爱马仕虽有创新，但是更多的是还原中国的古老意境，其中一款茶杯就是中国盖碗茶杯。